中共中央党校《中国现代化和谐城镇崛起之路探索》丛书

镇 中国复兴之基

新型城镇化"四大"实操模式

李珀榕　著

◎联合国青年赋权与城市生态委员会培训教材
◎中国城市科学发展促进会培训教材

中共中央党校出版社
The Central Party School Publishing House

全国政协第十一届副主席李金华题词

镇为复兴之基

新型城镇化四大实操模式

序 一

举世瞩目的十八届三中全会和中央城镇化会议，对新型城镇化建设的方向、目标、原则、任务做出了清晰的定位。接下来，各地如何创造性地制定实施规划和具体运营方式，已成为了地方政府当前的一项紧迫任务。

作者以突破常规研究而创立的"四大"实际操作模式，即：

"万镇"模式，

"企业战略转移"模式，

"城市内优外特"模式，

"扬弃式现代农业"模式。

完全吻合了中央关于"要依托现有山水脉络等独特风光"，"发展有历史记忆、地域特色、民族特色的美丽城镇"，"让居民望得见山，看得见水，记得住乡愁"等精神。

本书首次提出把解决农村的自身"造血功能"作为核心主题，通过在全国农村现有 3 万多个乡镇中挑选万个左右具有交通、水电、文化、资源等优势的乡镇，重点构建产业发展机制，让农村剩余劳动力尽可能就近就业和实现市民化。既克服了现有 3 万多个乡镇过散过小，与现代化和城镇化不相适应的弊端，又避免了城市化过于集中，客观造成人口大国的大多数人无法尽快享受现代化成果的遗憾。我认为本书提出的"万镇"构想，不仅是贯彻落实中央精神的有力措施，而且也是广大人民群众期待的新型城镇化路径。

从事理论研究又能亲自试点验证理论的人并不多。而本书作者李珀榕在"专著"首次出版后，不仅在全国联系了多个试点，而且还与诸多涉农部门和相关机构联络，呼吁社会力量投入试点镇的相关项目建设，这不仅为我国新型城镇化的操作方式作了有益探索，而且还融入和借鉴了发达国家城镇化的经验。

上世纪 50 年代日本的城镇化，也是选择了 9000 个中心町（村）发展，并把企业产业引向农村与新农村建设紧密结合；家庭小农场占主导，以至发展到农民的收入比城市人的收入高出 12％左右。

美国很多大学和大型企业的总部都办在几万人的小镇。世界最大的零售企业沃尔玛总部就设在人口不到 4 万的阿肯色州小城镇。还有百胜集团、强生、麦当劳等总部都设在州以下的小镇上。美国的北俄亥俄大学却设在仅 5000 人的爱达镇上，新罕布什尔大学也在美国东部的达勒姆小镇。发达国家的产业和人口布局，充分注意了良好生态空间为人类所受益，避免了大城市化的弊端。

本书创立的"四大"操作模式理论，不仅对应了人与自然和谐发展的要求，而且也充分体现了发达国家城镇化的理念。

在现代化越来越贴近人们生活的今天，许多发达国家的富人选择乡村小镇生活已成时尚。我国广大农村，许多地方都具有优越于城市的生态环境，更有不少地方，群山连绵叠翠，溪流纵横交错，风景秀丽迷人！让人深感心旷神怡！由此必然引起人们的思考，生命的健康延续，特别需要人与自然的和谐相安。在我国城市发展已近国际先进水平的今天，适当调整社会资源发展农村中小城镇，应是人类社会进步的方向，也是李珀榕"四大"模式的主要意义所在。

从试点实践的情况分析，这套城镇化操作模式能在基层产生共鸣，主要在于把握了国情。阅读书中的内容可以清楚地看到，作者完全采取了创新性研究方法，进行了全局性体制机制创新，从而构架出了一套贴切现实特别是贴切民心的新型城镇化"四大"实际操作模式，为我国城乡社会协调发展提出了一套便于基层操作的全新思路。

我国 30 多年改革开放，城市发展一日千里，但广大农村却一直未能跟上城市发展步伐。新一届中央领导集体提出新型城镇化道路，吹响了全面深化改革的号角，目的就是要破解这一历史性难题，实现城乡一体化协调发展。

本书作者李珀榕，由于自身有过县、乡、村、省政府、国务院研究机构等多层面工作的特殊经历和长期专心农村调研的亲身体验，尤其可贵的是为了回避基层接待听不到实情，他常自费深入农户和工地，在踏遍了全国大部分省（市）农村，访问了从中央到地方大批党政领导、专家学者及社会各界，获得了大量一线素材的基础上，为避免重复别人的研究，又阅读了几乎现今所有涉农的书籍，经过 20 余年奋力，并付出了巨大心血，从而创立了这套新型城镇化建设"四大"实操模式。

阅书稿后，深感其内涵具有三个突出特点：

一是深入剖析了我国 30 多年的发展现状。本书在充分总结了我国改革开放伟大成就的同时，客观分析了发展中出现的新情况，提出了一些值得政府高度重视和亟须解决的社会问题。特别是人口大流动出现的人性多种需求困惑，人口大流动产生的某些犯罪因素，人口大流动造成农村普遍闲置房，城市重建安置房的双重浪费，以及"城市病态"日趋严重，并长期把政府困扰在诸多矛盾中难以解脱等一些突出的社会问题。分析了当今中国快速发展中产生这些社会矛盾的根源。

二是首次以"国家安全、社会安定、人民安康"三大社会生活主体为前提，围绕经济发展这根主线，大胆进行了体制机制创新，构架了一套调动全社会力量从根源上解决城乡诸多矛盾和实现协调发展的全新机制。

"四大"模式提出后，新华社和《人民日报》分别发了《内参》，并得到了政府官员、专家学者，特别是基层党政负责人和海归学者的高度评价。

三是实施这套模式，相对在城市安置农民，具有成本低、速度快的优势。根据试点乡镇反映，这套思路理论完整，实实在在，清晰明确，便于操作，使基层可以办得到的新型城镇化路径可少走弯路。

我相信，"万镇"形成后，几亿农民除适当补充城市用工外，其人口主体向镇上转移难度小，进得去，在当地就业能成为现实，能免受背井离乡的困扰，幸福感和生活质量会大幅提升。如全国2000多个县能同时行动，应该很快就能形成全国城乡一体化的趋势和户籍一元化的全新格局，是一条真正的"利民"之路。

总之，"专著"对中国新型城镇化的操作层面从理论和实践的结合上提出了突破性构架，应是当前我国城镇化的创新思路，值得各级党委、政府重视和参考。

写序并非我的本意，重在看到了本书的适用价值。

希望"四大"模式能得到更广泛的社会共识，为我国新型城镇化大业起到积极的指导作用。

贺铿

2014 年 3 月 16 日

（贺铿：著名经济学家、国家统计局原副局长、全国人大财经委副主任）

序 二

伴随"四化"建设特别是农业现代化建设的不断发展，我国社会必然出现农民向城镇转移的历史性变革。

但中国有近9亿农民，能否找到妥善解决农民变市民的途径，是直接关系国泰民安的大事。近些年，2亿多农民自发无序地进入城市，使本来人口已过多的大城市很快感到了难以承受的压力。

农民工在经历初进城时的瞬间兴奋之后，也很快陷入了困惑。他们发现，自己与市民之间有很多不合理的差别，如收入很低，同工不同酬，住"地下室"，吃"快餐"，享受不到社会保障，丢家弃亲，子女失教，老人失养，后院频频"起火"，酿出许多家庭悲剧等，他们日渐产生了对做城市"二等公民"的不满。而农业生产也呈现"老弱妇女"当家，强劳力欠缺的困境。

更令人不安的是我国几个著名大城市的"城市病"越来越严重。北京、上海、广州三大都市都已被联合国列为"世界不宜居城市"。

实践证明，把几亿农民的出路定在现有城市是走不通的。

党的十八届三中全会，中央确定了"新型城镇化"道路，这意味着过去让农民盲目流向城市的"城市化"将改变或终结。

"新型城镇化"道路该怎么走？通过什么样的具体路径或模式？这些都是前人从未做过的开创性工作。

值得欣慰的是，我国确有早就开始"城镇化研究"的仁人志士，四年前，国家行政学院出版社就出版了"三农"专家李珀榕经20多年调研创立的"万镇"模式为基础的"四大"模式"专著"。他在长时期农村调研中深感以现有城市解决几亿农民的问题不现实，提出在全国发展万个左右中心镇，作为接纳几亿农民的载体。2010年3月，新华社《内参》也刊发了他的"四大"模式简介文章。

一年多前，我又看到了李珀榕博士撰著的《中国城镇化建设模式化研究报告》一书，他用"四大"模式理论从操作层面对城镇化做了比较系统的解读和答案。

"四大"模式，他首次提出社会发展要以"国家安全、社会安定、人民安康"三项原则为前提,经济发展为主线,从而用大量事实论述了在优化现有城市格局的前提下,在相对一段时间内重点发展万个左右中心镇,符合我国社会的客观要求。并提出了在评估地域条件、环境资源、交通优势等经济社会发展的条件和潜力基础上,择优选定中心镇的地域。这些中心镇可以是在旧乡镇中择优选定改造,也可以选择新址兴建。但它必须承担附近富余农民转移的历史重任,使农民离农而又不远离家乡。

李珀榕还提出了与"万镇模式"配套的三个模式:

一是农村经过了 30 多年改革,路、水、电、通讯基本全通,已具备了办企业的条件,应通过政策引导,将许多可以合理布局的企业办到城镇去。尤其是利用大城市建设发展需要进行产业升级、企业结构布局调整的机会,将不适宜或不需要在大城市发展的产业、企业迁移到新兴的城镇,这叫"企业战略转移"模式;

二是大城市尤其是特大城市不宜再向周边扩张,可改变思路,一方面优化城市内部结构,另一方面把发展的目光转移到外省发展滞后地区,实行联合开发,资源互补,双方共赢的方式共同发展,这叫"城市内优外特"模式;

三是"扬弃式现代农业"模式。近些年我国农业已陷入依赖农药、化肥的困境,并已造成我国农田、土壤、水域、水源及产品品质的污染破坏,使民众面临食品安全威胁。李珀榕提出了一套抓住新型城镇化建设之机改造我国农业的方略,逐步扬弃各种损害食品安全的农药、化肥、生长激素、农产品食品加工业有害添加剂的滥用,优化传统农业精华,发展有机、生态农业等,应是确保食品安全的有效模式,也是新型城镇化的伟大使命。

李珀榕能够创立这套具有很强适情性的新型城镇化"四大"模式,是因为他深深了解中国农情、社情、政情、国情特点,十分熟悉中国农民对未来生活的向往追求,从而提出的思路、举措切合国情,具体实在,基层适用,可操作性也较强。

值得我们注意的是,他创立的新型城镇化"四大实操模式"彼此具有深刻的内在联系,是密不可分的整体。它不仅提出了城镇建设的路径和明确了新型城镇建设功能定位,也充分抓住了我国当前经济社会发展的突出矛盾,巧妙地利用新型城镇建设这个新"支点",撬动大城市产业、企业结构、布局的调整推动城乡协调发展,同时解决社会忧虑的人口大流动及食品不安全问题。这就调动了城市居民和农民两方面对新型城镇建设的积极性，从而使新型城镇建设成为全民关注、支持、参与的兴国历史大业。

他的这套创新理论成果于2010年初首次出版发行后就受到了社会广泛关注和从事城镇建设人士特别是县市乡镇人士的欢迎，如福建、浙江、江苏、陕西、湖南、云南、贵州、广西等一些乡镇和企业家都邀请李珀榕去考察、指导谋划试点，显示出"四大"模式具有旺盛的生命力。

这一研究成果的成功与李珀榕的人生经历密切相关。他出身农村，从小就对农民的困苦与热望体验很深。大学毕业后，他被分配到省政府机关，30多岁就任省厅处长。凭其德才学识完全可以顺利再走仕途。但他心中那份改变广大农民困境的宏愿，始终牵引着他的人生目标，于是毅然转入国务院研究机构，从此，他以全部精力投入了"三农"问题研究。长期深入农村调研，同时，也关注国外农情研究，写下了不少涉农文章。

大约在2005年前后，李珀榕就酝酿要写一部涉农专著。他认为这应是缩小城乡、工农、贫富三大差距，使农民获得真正解放的良机，从而决定从新农村建设这个视角来研究"三农"问题。

后来，他发现农民盲目涌进城市出现了许多弊端。城市压力大了，农村部分土地荒了，同时出现了一些新的社会问题，他开始了新的思考。在还没有太多人注意这个问题时，他却从2007年就开始了"万镇"模式为基础的城镇发展"四大"模式理论研究和撰著。于2010年由国家行政学院出版社出版的《中国新农村建设模式的研究报告》专著中，就正式提出了"万镇"模式这一城镇化理论，引起了社会强烈反响。随后他进一步认识到发展城镇在中国的历史地位，于2012年底又完成了《中国城镇化建设模式研究报告》专著，由国家行政学院出版社出版，较早地对中国现代化建设中这一新事物作了全面系统研究，提出了创新的思路和举措，提前为中央提出的"新型城镇化"国策造了舆论，也给有志于新型城镇化的建设者带来启蒙和思考。

今天，李珀榕关于"新型城镇化"研究的专著《镇 中国复兴之基——新型城镇化"四大"实操模式》，由中共中央党校出版社出版，我有幸看到了样书。他对曾出版的专著又作了许多充实、修正和完善。增加了这两年我国各地新城镇建设的新经验，并重点阐释了十八届三中全会以来中央关于"新型城镇化建设"新决策、新政策。这为正在蓬勃发展兴起的中国新型城镇化建设送来了"及时雨"。当李珀榕提出请我写序时，我诚惶诚恐，岂能担此重任。但珀榕认为在近20年的研究历程中，经常与我交谈切磋，他的所思所想，奔波劳累，写作艰辛，我是亲见亲闻，了然于胸。执意让我撰序，我只好勉力从命。

我希望本"专著"出版后，李珀榕博士能满腔热情地投身到这个伟大的建设实践中去，吸取更多的新创造、新经验，使未来的新作成为反映研究中国新型城镇化建设的一套权威性高、理论性强、实践经验丰富的历史性著作，为中国新型城镇化建设做出新贡献！

施宝华

2014 年 4 月 10 日

（施宝华：新华社国内新闻部原主编、高级记者、著名食文化专家）

目　　录

第一章　创立"四大模式"的社会背景

第二章　"万镇"模式

第三章 "企业战略转移"模式

第四章 "城市内优外特"模式

第五章 "扬弃式现代农业"模式

第六章 "万镇"将创建一个世界生态文明大国和世界旅游文化大国

第七章 "万镇"建设的各方职责

第八章 "万镇"建设的配套措施

前　言

近些年，对解决 9 亿农民的问题，最让全国人民激动的有两件大事：一是 2006 年中央宣布取消农业税，二是 2013 年中央城镇化会议出台了一系列解决农民问题的新政。

我作为一位长期从事农村调研的理论工作者，除被中央的重大决策感动外，还有一件事没想到，那就是自己在大城市特别是在北京生活近 20 年后，却被我国东部山区县的偏僻乡镇实践新型城镇化建设的火热生活震撼了心灵！

"建好农村城镇化，小镇不比京城差！"农民自己编出的顺口溜，充分体现了农民心底想要的城镇化。

还有"老板下乡办企业，小镇也有大发展"等，这些朴实农民发自肺腑的感言，立马将我的思绪带入了深度思考，似乎预感到在中华民族 960 万平方公里的土地上，即将出现一轮让世界感叹的乡村建设热潮！

习近平总书记指出："制定出一个好文件，只是万里长征走完了第一步，关键还在于落实文件，真正把全会精神转化成改造现实世界的强大力量。"①

遵照十八届三中全会和中央城镇化会议制定的新型城镇化国策精神，怎样才能寻求到既使基层好操作，又能快捷解决几亿农民实际问题的运行模式，真正把中央的好政策落到实处，切实避免只有少部分人迅速参与现代化进程，而大多数人只是顶着城镇化的光环，长期在等待中度过一生的遗憾局面，这是当前迫切需要加速探讨的重大热门社会课题。

本人因出身农村，并有过县乡村等农村工作的丰富阅历，也有多年城市生活的亲身体验，尤其是曾在省政府长时期工作，深深体会到地方政府在贯彻实施中央大政方针的实际操作中，难免遇到一些意想不到的情况和困难需要不断探讨。进入国务院研究机构后，又深感理论工作者肩负着重要使命。正由于自己的特殊经历和长期从事农村调研获得的大量一线素材，对农民从联产承包到 2 亿多人走上大流动之路所经受的酸甜苦辣以及

---

① 参见《习近平在中共十八届三中全会第二次会议上的讲话》，新华网，2013 年 11 月 18 日。

农民心底想要的城镇化了解甚深。经 20 多年探索,创立了一套新型城镇化建设的"四大"实际操作模式:

一是"万镇"模式,

二是"企业战略转移"模式,

三是"城市内优外特"模式,

四是"扬弃式现代农业"模式。

"四大"模式中"万镇"模式是基础。

我国现有 3 万多个乡镇,主要来源于 60 多年前的行政区划和上世纪末乡镇合并所形成的格局。面对今天的现代化,已显现出诸多的不适应。如何调整才能实现中央关于尽可能在原有村庄形态上改善农村居民生活条件,使中国乡村为本土生息与共的广大农民拓展出长远发展的舞台,展现广大农村的勃勃生机,已成为了新型城镇化历程中急需解决的大事。中国农村具有太多太好的资源和尽秀尽美的景区值得我们去开发和经营。

挑选万个左右具有多种优势的乡镇,重点规划成广大农村新型城镇化载体,让"企业战略转移"作为"万镇"发展的产业支撑,快速形成几亿农民当地就业和农民市民化的城乡协调发展格局,应该是几亿农民进得去、站得稳、不飘浮、能持久的可行方式。

我在创立"四大"模式的过程中,经反复深究国情,从而确定总体目标为坚持以国家安全、社会安定、人民安康三大社会生活主体为前提,核心是设计了一套调动全社会可能调动的资源和力量解决农村自身的"造血功能",实现农民安居乐业。

"四大"模式的最大特点,在于比较多地从实施方面考虑了地方政府的适用性、可行性和可操作性。这应是贯彻落实中央关于"天人合一理念","发展美丽城镇"和实现人的城镇化等重大国策精神的创新模式。

同时,我感到这套模式也比较客观地反映了我国城乡发展的阶段性和协调性。前 30 年城市化,使全国大中城市已接近国际先进水平。现在把发展城镇提上日程,这是城乡协调发展的重大战略。并充分体现出人口大国的中华民族,既有城市群、特大城市、大中小城市的完整体系,又有承载几亿农村人口、连接城市与乡村、展现多民族大国丰富悠久历史文化和广大农村独特资源的万个左右重点镇。让中国农村的青山绿水再次迎接久别主人的青睐!

万镇!不仅在我国新型城镇化过程中将发挥独特的基础性功能作用,而且将在记录中国社会发展史迹,传承 56 个民族的文化精髓、建设万紫千红的美丽中国起到城市无法替代的独特作用。

万镇！将传承这个伟大民族的根！

2010年初，由国家行政学院出版社出版"四大"模式"专著"公开发行后，社会反响较强烈，并受到众多专家、学者、政府官员的赞同。

尤其全国以本"专著"为参考，正在筹建的多个试点乡镇普遍反映，"四大"模式既实际、也适用，相对于让大城市解决几亿农民扎根落户问题还具有成本低、速度快的优点，应是能够解决广大农民现实问题的城镇化实际操作模式。

专家们认为，该书论述的"四大"模式充分考虑了我国国情，剖析其各自功能，可以看到其运行将在我国城乡架起一座协调发展的桥梁，从深层次切断产生一系列社会矛盾的根源，为各地新型城镇化建设奠定有力基础。

十八届三中全会后，根据各界朋友建议，对拙著有关章节做了适当修改和完善（全书的重点和主题，以及"四大"模式的相互关系，已在绪论中做了系统概述）。

特别庆幸的是中央党校以赵素芬教授为代表的诸多专家和相关领导对本书出版高度重视，"中国现代化和谐城镇崛起之路探索"课题组给予了指导。中国城市科学发展促进会的主要领导阅读本"专著"后，毅然决定把本书提出的"新型城镇化四大实操模式"作为主推项目。与此同时，秘书长陈思颖还邀请到了中共中央办公厅、国务院参事室、国家发改委、农业部、住建部、国家审计署、国家统计局、中国社会科学院等单位的相关专家和领导以及北京大学、中国人民大学、中国农业大学的专家学者对本"专著"分别进行了审阅，并获得大家的肯定和鼓励，同时对试点工作提出了宝贵指导意见。

在此基础上，再次出版供参考。

因本人水平有限，论述中难免存在不妥或疏漏之处，欢迎广大读者和同仁不吝赐教！

李珀榕

2014年3月8日于北京

绪　论

当前，各地在贯彻中央城镇化会议精神时，其具体运作如何把握？怎样才能做到少走弯路或不走弯路，这确实是亟须探讨的全民族大事。

2013 年初，李克强总理就明确指出："新型城镇化是人的城镇化"和"近10 亿人口的城镇化"。中央城镇化会议已重点强调，"推进城镇化是解决农业、农村、农民问题的重要途径。"

显然，所指的内涵都是在稳定城市发展的同时，着重解决当代广大农民的困局。无可非议，办好 9 亿农民的事情，的确是当今全党和全国人民最迫切的历史性任务！

由此，围绕这个时代重任，我们必须明确几个直接关系到城镇化运作模式设计的现实问题：

（1）新型城镇化的主题，就是要解决几亿农民向何处去的基本出路！这个出路的重点是放在城还是镇，二者一字之差，方向完全不同，必然导致两种截然不同的结果。

（2）近 30 年城市化的实践证明，几亿农民的真正出路不在现有城市！因为不是尽快给农民一个城市户口就可以解决的事，而是城市的有限资源没有这个承接能力。

（3）强求城市超负荷接纳农民入城，会使城市病不断升级，并导致一些难以克服的社会问题，使政府长期陷入矛盾旋涡之中！

（4）我们更不能设计一个让大多数人长期等待的城镇化，因为人的生命都只有一次，公平享受社会待遇是每个国人的心底期盼。

（5）经过 30 多年改革开放，我们国家已具备了一定的承受能力和条件，可以设计让大多数人共享改革发展成果的城镇化模式。

（6）中央制定新型城镇化的目标是人的城镇化。其内涵应该是指人的收入、生活环境、所受教育、生活质量、社会保障、文化生活等几个主要方面消除城乡差别，并非高楼化和大城市化。

（7）摆在面前的客观现实和中央确定的新型城镇发展方向，充分表明其重点是在广大农村的大好山河创建美丽生态家园！世界发达国家的城镇化也是以镇为主体，其中最有代表性的美国，70% 的人口都居住在 10 万人口以下的城镇。

(8) 新型城镇化的关键，在于根据中央制定的方向目标，各地科学构架出切实可行的实际操作模式！通过市场主导和国家政策导向调动资源和力量，长久解决农村的"造血功能"！这是核心问题，更是根本问题。

明确上述八个问题后，再来探讨新型城镇化的各地操作模式或路径，完全可以从纷繁复杂的现实国情中看清一个事实，即：只有科学均衡资源，重点在全国各地广大农村创建好几千上万个重点小城镇（或称中心镇），包括现有一定基础和发展潜力的乡镇，才能有效破解几亿人长期背井离乡的困惑，真正把全国人民共享改革发展成果的重大惠民政策切实落到实处，全面消除由于几亿人长期不能安定生活而带来的社会矛盾和困扰政府的难题，使城镇化真正成为彻底改写中国历史的伟大壮举。

可以说：

镇！是城镇化的主体或载体！

镇！是中国农民的基本出路！

镇！是中国和谐发展的基础！

镇！是中国农村的真正希望！

本书提出"万镇"模式，是遵照中央关于体制机制创新精神，在历经了长时间城乡发展调研，从多视角探究了中国人口众多、地域辽阔的国情，又能够充分表达广大人民群众利益要求，并大量参考了国外城镇化发展的案例，而创立的并应是广大农村切实可行的创新发展战略。

我们国家近 30 年城市的快速发展，其辉煌成就举世瞩目！正因为如此，我们在思想上却有些淡漠农村，甚至看不到农村能有大的发展和辉煌之日。冷静想想，其实，这是一种误解。

只要我们从观念上真正重视农村，深入考究全国广大乡村的历史渊源文化和秀丽山水资源，在稳定城市、特别是县级市发展的同时，抓住各地农村的个性特征认真设计和规划出万个左右重点小城镇，智慧的中国人完全可能创造出震撼世界的农村发展奇迹！

可以说：

万镇！是万个乡村民俗文化传承，

万镇！是万个生态人居特色家园，

万镇！是万个地域特色景观展示，

万镇！是万个人文经典故事传诵，

万镇！是万个地方品牌特产分享，

万镇！是万个乡村美食佳肴品尝，

万镇！是万个乡村建筑风格观赏，

万镇！是万个乡村旅游资源开发。

万镇构架，既解决了现有3万多个乡镇人口规模过小过散，其商业、教育、医疗卫生、文化事业等公共服务事业难以形成优势，特别是产业难以形成规模的弊端；又解决了人口过于集中城市带来的农村资源浪费，特别是现有房屋资源的巨大浪费，以及城市环境恶化、国家安置工作压力增大等诸多困惑。

"万镇"形成后，将彻底打破中国当代城市建筑千城一品的遗憾格局，充分展示中华民族的悠久文明历史和伟大文化内涵，释放出大大超越城市人造景观的大量优美自然风光，创造出丰富多彩的大国生态生活社区文化，让旅游景点遍布全国，为假日"黄金周"提供更丰富的内涵，成为世界上最具文化风情的旅游大国！花园式大国！人性化生活大国！让世界人民通过"万镇"风情，看到一个东方大国的灿烂文化！看到一个伟大民族的智慧传承！让全世界华人为之骄傲与自豪！

本书以"万镇"为载体而构架的"四大"实际操作模式，即：

"万镇"模式，

"企业战略转移"模式，

"城市内优外特"模式，

"扬弃式现代农业"模式，

是以确保国家安全、社会安定、人民安康三大社会生活主体为前提，整体设计的一套均衡资源分配和调动全社会力量彻底解决农村自身"造血功能"的适用机制。

"四大"模式的推广，其突出特点表现在：

1. 切合实际方便操作

"四大"模式的内在功能决定了它们之间是一个互为条件，互相依存，互相推动，互相促进的紧密关系。

其中"万镇"模式是基础，主要解决新型城镇化的运行载体；"企业战略转移"模式是支撑，主要解决农民当地就业和夯实"万镇"经济源泉；

"城市内优外特"模式是协助，主要解决大城市富余资源投放滞后地区发挥互惠互利的积极作用；

"扬弃式现代农业"模式是造福，主要以"万镇"创建确保食品优质与安全的全新机制，为人类健康生活保驾护航。

我从大量调查中深刻体会到，这套系统模式应该是我国现有条件办得到，各级政府部门好操作，能够照顾到各阶层人民群众近期和长远利益，并符合国家长久稳定发展大局和几亿农民心底期待的城镇化路径！

2. 实实在在解决问题

剖析"四大"模式的各自功能和内在联系，可以看到这套系统模式的运行将在我国城乡架起一座协调发展的桥梁，从源头夯实城乡一体化发展的基础，并从深层次切断产生一系列社会矛盾的根源，首先是结束世界上从未有过的人口大迁徙历史，确保农村剩余劳动力在有序补充城市用工外，全面实现当地安居乐业，从根源上解决农民工大流动造成的情感困惑、子女教育、空巢老人、留守儿童心理扭曲等长期纠结农民内心的实际问题，特别是人口大流动出现的人性多种需求困惑、人口大流动产生的一些犯罪因素、人口大流动造成的农村普遍闲置房、城市重建安置房的社会财富巨大双重浪费，以及城市病态日趋严重等突出的社会问题，使政府从一揽子矛盾中解脱出来，这应该是实现新型城镇化和快速改变中国的最佳路径。

3. 试点证明切实可行

2009 年，全国还处在呼吁农民工向城市转移的高峰。2010 年初，由国家行政学院出版社首次出版发行我的"四大"模式《专著》后，在社会上引起了比较强烈的反响。当时，中央部委许多高层领导和国家研究机构中的许多著名专家学者对本《专著》给予充分肯定的同时，都鼓励我尽快联系地方试点。全国许多读者看到这个不同的声音，纷纷来电表示赞同和鼓励。

2012 年 9 月，我参加联合国在意大利召开的"青年就业与消除贫困"会议时，主持人安排我介绍了以"四大"模式解决农村"造血"功能的中国农村发展调查与思考，引起了国际组织的高度重视。

党的"十八"大提出："要让居民望得见山，看得见水，留得住乡愁。"这应是新型城镇化的核心。这一核心充分表达了城镇化重点是要建设好农村；这不仅能让更多人民接近最本源的生态环境，而且也让中国农村几千年悠久历史留下的灿烂文化尽快得到修复，甚至是抢救，以致更好地传承！

2013 年以来，又有福建、云南、陕西、江苏、重庆、广西的一些乡镇和热心农村事业的企业家与我们对接商定试点。

尤其是在福建省委、省政府相关部门和泉州市的调研与示范推广中，看到了各级党、政领导对本"专著""四大"模式产生的共鸣与重视，让我对中国农村的美好未来感到无比高兴。

地处福建的中国瓷都德化县，2011 年班子调整后，县委吴深生书记、县政府欧阳秋虹县长结合实际，先行先试，在全县组织开展了一场"驻进帮"的群众路线教育活动。在深入了解民情民意的基础上，帮助全县干群领会中央的惠民政策，认清发展的大好时机，并在历届县委、县政府坚持的"小县大城关"发展思路的基础上，在全省率先提出创建"统筹城乡发展先行县"

的战略思路。这一构想得到省委、省政府的高度重视和充分肯定，并于2013年9月，由省政府办公厅印发了《德化县做强城关统筹城乡推动城镇化健康发展试点方案》。紧接着，德化县抓住贯彻党的十八届三中全会精神的重大机遇，成立了以县委书记为组长，下设"陶瓷产业升级、城镇化建设、基本公共服务、创新社会治理、生态文明提升、重点领域改革、行政区划调整、组织保障"八个小组的强力推进新型城镇化发展组织和运行保障机制，城镇化建设很快呈现了突破性发展的新势头，形成了全县全面深化改革的"主题词"和"最强音"。

该县的上涌镇党委书记黄振宇读到我的新型城镇化"四大"实操模式"专著"后，感到对路适用，上涌具有实践"四大"模式的一定优势，并向县委、县政府主要领导汇报了自己的一些想法，得到了充分肯定和鼓励，并在《2014年德化县深化重点领域改革方案》中明确指出：启动上涌县域中心镇建设，将上涌镇打造成为富有闽南特色的现代化小城镇，发展成为德化县西北部经济重镇，成为新型城镇化建设示范镇。

上涌镇按照上级的要求，根据"四大"实操模式要点，完成了《上涌镇新型城镇化建设总体发展规划》，凸显"旅游文化产业、优质生态农业、创办资源工业、养生服务新业"四大产业，以"聚人气"为突破口，打造旅游业、生态农业、资源工业等"造血功能"平台，让村民在家门口就能就业。

2013年初，上涌镇从城市引进一家玩具厂。当我们走进该厂车间时，眼前上班的180多名工人基本都是当地40岁左右的女工。用她们的顺口溜说："镇里上班家里住，房屋宽大不用租，打工农活两兼顾，照顾老小两不误"。

更为欣慰的是一些在外地发了家的上涌人或企业家，特别关注家乡的城镇化建设。他们不断从外地传来佳音："只要政府举这面旗，哪怕国家不投入，我们也要聚力把家乡建设好。"

福建企业家所表现出来的豪情气魄和敢于担当的时代责任感，释放了一股拓展中国城镇化建设的强大社会力量，让我们看到了一种难能可贵的民族精神！我相信，只要党和政府一声号召，加上国家相关政策优待，全国会有成千上亿的企业家转战乡镇，把辛劳的汗水洒在改变中华民族历史这场伟大战役的热土上，写下人生最美好的奋斗篇章！

由此，我们也会自然想到，在国家宏观政策引导下，如由基层政府和有能之人合力操作，可以肯定在实战经验和运营能力上，会更远胜年轻人的力量，绝对可以调动更广泛的社会资源，投入全民族的共同发展，那该是一派多么令人欣喜的盛世局面……

从试点乡镇实施"四大"模式所展示的情况看，已出现了一个十分可喜的事实，即：农民镇里上班家里住，既合适，又舒适，利用农村现有房屋过渡，逐步向镇上转移成本低、速度快，站得稳，不飘浮，能彻底放下流动生活所承受的诸多压力和困难，恢复人性渴望的正常生活。

根据示范镇的实践分析，5 年左右可建成重点镇区，如全国 2000 多个县（市）同时启动，10 年左右可基本改变全国农村现状。客观地说，今天无论站在哪个角度看中国，确实我们已具备了非常好的发展基础。只要我们把握好时机，高举十八届三中全会的旗帜，充分发挥市场调控和政策导向的威力，通过合理组织和充分利用雄厚的国有资本和民间资本以及丰富的社会资源，完全有能力在尽短时期内解决几亿农民的问题，迅速圆全民族的"中国梦"！

"四大"实操模式的构架问世，自 2010 年国家行政学院出版社正式出版公开发行后，受到众多专家、学者、教授和政府官员的称赞及认同，特别欣慰的是在基层政府官员中产生了较强烈的共鸣。这让我深深感到，近 30 年来，社会各界都在力推城市接纳农民，可农民又一直困在城市边缘，其根本原因不是政府不想快速推进农民进城，而是受城市的有限资源制约没法快速推进。只有尊重客观事实，把新型城镇化摆到广大农村这个合适的大环境中去，才会势如破竹，顺利实现全国人民的夙愿。

这一创新思路的确立，不仅是在大量调研获得的重要信息中让我看到了这个必然的方向和国情所在，而且我曾在县、乡、村、省政府、国务院研究机构等多层面工作的切身体会，特别是早在上世纪 90 年代去农村长时期办点和自幼对中国农民的生活习惯、社会地位、劳动辛苦、收入微薄、小农思想、现实利益、朴素情感、终生追求以及农民心底想要什么样的城镇化等深深烙印在脑海的直接心结，更让我深感只有在中央的政策导向下，从发展地域上进行调整，才能使基层政府目标明确，有的放矢地进行操作。

我相信，以"万镇"为基础的"四大"实操模式，应该是贯彻落实中央城镇化会议精神，在我国当今特殊历史时期为各地基层创新运行机制，开发资源效益，均衡发展机遇，造福广大人民，比较有效可行的模式。

随着试点工作的推进，事实已验证"四大"模式构架，深刻表达了广大人民群众的利益要求，并从客观上系统论证了新型城镇化国策的科学性、必要性、可行性！充分体现了能从根上解决诸多社会矛盾的独特功能，应该是快速推进新型城镇化建设和实现城乡一体化发展的可行操作路径。

下面，将在第二章、第三章、第四章、第五章分别对"四大"运行模式做出系统论述，以抛砖引玉，共同探讨。

第一章　创立"四大模式"的社会背景

民声呼唤的社会公平是发展路径设计最直接的依据和最终根源。

中国出现了世界上从未有过的人口大迁徙格局，2亿多人长时间过着流动生活，引发了社会各界的深度思考，社会公平已向管理体制提出了严峻的挑战。

在这个历史发展的转折时刻，中国共产党清晰地看到30多年发展取得巨大成就的同时出现了一些亟待解决的新情况，并以伟大的魄力和智慧，从容驾驭改革航船，在中共十八届三中全会上提出了："完善城镇化健康发展体制机制。坚持走中国特色新型城镇化道路，推进以人为核心的城镇化，推动大中小城市和小城镇协调发展、产业和城镇融合发展。"① 这一英明政策，为我们研究城镇化的运行模式指明了方向。

自20世纪80年代末，中国就开始了农民工向城市大转移，转了20年，农民工也轮换了好几代，可一直没有多少人能转进去。除了城市周边被国家征收了土地的农民成批转为城市居民外，广大农村的打工仔真正在城市生根落户的人并不多。

2013年10月27日《京华时报》登载，清华大学中国经济数据中心发布中国城镇化调查大型数据显示，20年内农转非比例仅增长7.7个百分点。这说明，通过现有城市解决几亿农民入城这条路仍很遥远。

原因不是政府要卡住农民入城，而是城市有限的空间资源无法接纳几亿农民。因为这不是给农民一个城市户口就可以解决的事。只要算笔简单的账就明白，倘若将全国现有农民安排一半进城，按城市居民待遇配置资源，凭住房这一项就需新建40个广州市的住宿城区面积才能接纳。可见，那是多么遥远的历程。因为打工生涯可以10多个人挤在10平米的屋里，而在城市安居乐业，3口之家至少也得50~60平米。现有城市根本没有这个承接能力，如果靠再新建住房来解决，那又不知要形成多长时间的新一轮城市房地产热，并需要大量征收土地。而农村现有的大量成品房屋将被闲置或遗弃，造成社

---

① 《中共中央关于全面深化改革若干重大问题的决定》，新华社，2013年11月15日。

会财富的惊人浪费。显然，这条路子不现实。

由此，中央政府提出新型城镇化是以人为核心的城镇化，并在中央城镇化会议上明确指出，"要注意保留村庄原始风貌"，"尽可能在原有村庄形态上改善居民生活条件"。这是城镇化方向目标的空前创新。接下来，大家都在盼望的是各地在运行模式上能有重大突破。

一、人民大众期待什么样的城镇化

2013 年"两会"期间，当新型城镇化这个承载着改变中国历史发展大局的伟大国策从人民大会堂政府工作报告中向世界正式宣布时，举国上下一片欢腾！

何止是中国，一时间，甚至把世界都带入了热议的春天！然而，将要在全国展开的城镇化大业究竟是个什么样的壮举？人们都在期待中猜测。

(一) 道路已定运行模式如何选择

由城市化到新型城镇化，这是一个 13 亿人口大国发展道路的方向性调整，然而，新型城镇化的实施工作将如何展开？

是中央拿出多少万亿投入新一轮城市建设吗？

是国家和民间共同投入新一轮城市开发吗？

如全国很快能敞开城门，什么样的农民工能优先转为城市居民身份？

国家每年将给出多少指标让农民进城落户？

各种猜测四出，各抒己见，议论纷呈。

专家学者的建言献策，政府官员的讲话解读，网上热议的讨论，报上的权威评论，等等，各种不同的声音，都让人们感觉有兴奋、有期待、有狂欢，也有担心……

(二) 人民心底期待的城镇化内涵

10 多年来，我在与全国各地农民无数次的交流中，农民都会谈到一个同样的梦想，并用同一句话表述，即："希望过上和城里人一样的生活"。

这里我们注意到一个关键词："和城里人一样"，这个"一样"，听他们的解释，是想和城里人一样长期有班上，月月有工资，生病有公费医疗，到点有退休金，晚年有养老保障，子女有好的教育等，并非一定要住进城市。

虽然说人与人之间存在千差万别，有创业型、有开拓型、有艺术型、有勤劳型、有安逸型、有安稳型、有守旧型等,但绝大多数人都只是想做份稳定工作,安分过好日子。住在大地方或小地方并不重要。

"有些人长期住在北京这样的特大城市,一辈子也没干出什么大事业,""我们在农村宽宽大大住惯了,城市挤挤狭狭还不习惯"。还有农村的优良空气,生态环境,远比城市住得舒服等。

何况中央城镇化会议也明确指出,要让人民群众望得见山水,融入更舒适的生活理念。

现实为各地设计新型城镇化实施模式提供了广阔空间,人们的实际生活理念决定,我们完全没有必要把发展目光的重点固定在现有城区的狭小范围内。

客观地说,人的城镇化,其内涵应该是指在我们国内人人都付出了同样的劳动情况下,其人民收入、生存环境、所受教育、生活质量、安居条件、文化生活、社会保障等几个主要方面应消除城乡差别,实现城乡人们过上同等幸福生活的目标。

这是根本问题,也是核心主题。不仅符合中央政府的城镇化精神,而且符合广大人民的利益,是全国人民共同期待的新型城镇化大业。

围绕这个根本和核心问题,我们完全可以根据国家现有的财力、物力、人力、能力等条件,设计和确立能够让广大人民群众不分先后地尽快享受到新型城镇化福利的创新模式,即:

镇! 中国复兴之基!

二、广大农民想要的城镇化不是
长时间等待的遥远之梦

我们从中共十八届三中全会审议通过的《中共中央关于全面深化改革若干重大问题的决定》特别是中央城镇化工作会议(2013年12月12日到13日在北京召开)精神中可以看到,本次城镇化并非是要发起新一轮城市圈地运动,力推高楼化、大城市化;也不可能硬性规定入城6个月以上的农民工全部转为市民。而主要任务是要解决近10亿农民的长远出路问题,让全国人民共享改革发展红利。

由此,根据中央精神,我们地方出台的操作模式是否切合本地实际,直接关系到新型城镇化的快慢,特别是几亿农民能否同步提升幸福指数。

我国已成为世界第二大经济体,这充分说明我国已有较快的经济发展水平和强大的经济实力。客观地说,我们完全有能力和条件让广大人民群众共享改革发展红利。关键在于切实贯彻中央精神，把发展的目光放到全国更广阔的土地上，特别要看到广大农村的巨大开发潜力。从而在具体操作上通过体制机制创新，让国家和社会的主力资源多多向农村倾斜，使农村获得最强大的发展动力，创建更多的产业平台和就业机会，让更多的人在更宽松的环境中过上安居乐业的生活。

众所周知，我国并非是地大物博，而是地大物薄，按人均面积计算，更是地小资源紧缺，每一寸土地都是上苍赏赐给我们的财富，我们绝不能随便消极对待经济滞后地区的农村土地！

假如我们国家只有几个县的国土面积，而且没有发达地区的地域优势，我们同样要发展工业和社会生活的各项事业。

所以，在解决几亿农民的出路问题上，我们必须遵照中央政府的指示精神，跳出接纳能力十分有限的现有城市，充分认识广大农村大好河山的巨大开发潜力，把建设的重点摆到农村去。切实避免大多数农民：

望着城镇化的愿景，

听着城镇化的凯歌，

走着城镇化的道路，

做着城镇化的美梦，

看着少数人进城落户享受居民待遇和欢乐，

大多数人却在无奈等待中度过一生。

只有在中央政策指导下，让万个左右乡镇获得多方支持尽快得到发展，才是几亿农民共享改革成果最实际的路径。

三、30 多年城市化巨大成就中出现的诸多困惑

回顾我国改革开放以来的发展史，可以说 30 多年间已是全国城乡人民集中力量共同创建新城市，使全国大中城市发展一日千里，不断地展示出新的辉煌，并创造出了世界城市发展速度的奇迹！

关于全国 30 多年的成就，我在已出版的"四大"模式"专著"的第一版和第二版中已概括出十大方面。

这里以北京为例作个简介：

北京是中华人民共和国的心脏，世界著名的国际大都市，人民心中的神圣天堂。

改革开放以来，北京的发展取得了举世瞩目的成就。

（一）北京营造出了世界头号大都市气势

人们流传着一句话：不到西藏不知道天有多蓝，不到北京不知道城市有多大。这话充分反映了北京这座现代城市的宏伟气势。

自 20 世纪 90 年代以来，特别是申奥成功到奥运召开的 10 年间，北京人民在市委市政府的成功领导下，用惊人的速度，把一座典型的北方传统建筑风格的旧城，建成了今天这样充满活力、生机勃勃的现代化国际大都市，这是人类发展史上和社会生活环境发展中的伟大创举。

今天，无论是中国公民还是外国游客，只要是首次来到北京，都会感到北京是无边的大海，无际的天涯，是一个包罗万象的奇妙世界！延伸东西南北的宽敞马路，如一条条通向迷宫的圣洁大道；有序排列高耸入云的无数高楼，像一望无边的天辟群峰。每到夜间，高楼和马路两侧的各式灯光交相辉映，展示出神秘而又壮观的盛景，令人感慨万千！

（二）北京创造了超越历史的经济增长速度

截至 2012 年，北京市全年经济总量达到 1.78 万亿元，比上年增长 7.7％，地方公共财政预算收入增长 10.3％。其中，服务业和工业增加值分别增长 7.8％和 7％，社会固定资产投资和社会消费品零售总额分别达到 6462.8 亿元和 7702.8 亿元，分别增长 9.3％和 11.6％。城乡居民收入分别实际增长 7.3％和 8.2％。①

据北京市统计局分析，北京自 2001 年申奥成功以来，生产总值年增速一直保持在两位数以上，这是全国城市经济发展超历史的纪录。同时，北京的不少生产领域也显示着强劲的发展态势，经济增长速度在全国一直名列前茅。

（三）北京城市交通密如蛛网十分方便

新中国成立之初，北京的交通非常落后，全北京市只有 8 条公路，总里程不到 400 公里，且 96％的公路还是土路。

经过 60 年发展建设，截至 2009 年底北京公路总里程已超过 20755 公里，其公路密度达到每百平方公里 124 公里。

运营线路达 800 多条，立交桥 300 多座。每一座桥都是一道亮丽的风景线，如舞蹈家手中的飘带，造型千姿百态，绚丽多彩，实为世界之最。

---

① 参见 2013 年 1 月 22 日北京市第十四届人民代表大会第一次会议政府工作报告，《北京日报》，2013 年 1 月 31 日。

截至 2013 年底,北京的交通除公交线路外,地铁也纵横交错,1 号线贯穿东西,2 号环线围城通达,再加上近年通车的 4 号线、5 号线、6 号线一期、8 号线二期、9 号线北段、10 号线、13 号线、八通线等把北京的南北东西织成了一个四通八达的交通网,为市民出行提供了极大方便。

(四)现代化北京管理为全国楷模

自 20 世纪 90 年代以来,北京一方面大大加快了城市建设步伐;另一方面十分重视优化城市管理。在一个聚居了 3000 万人口的国际大都市,人们的生活、工作和社会交往中,每天都有大量的事情发生。尤其是生活环境、社会治安、交通秩序等方面,处于首都这一特殊地位,其管理难度比任何一座城市的压力都要大。

然而,由于市委市政府和诸多职能部门执政有方,引领全市人民高高举起人文北京、科技北京、绿色北京三面大旗,及时制定和不断完善北京各行各业各领域的规范管理条例,以向党和人民高度负责的精神,成功创造了北京和谐发展的社会环境,从而使北京成功地举办了备受世人瞩目的 2008 年奥运会、中华人民共和国成立 60 周年大庆,以及确保了每年在北京举行的诸多国际性以及全国性大型活动的安全。

(五)北京营造了产业发展的优越环境

许多的企业愿意落户于北京,除了北京具备的地理位置和资源优势外,北京为企业生存发展营造了优越环境。

在现阶段,有些地方工业企业发展缓慢,并不完全是地方资源条件问题,在很大程度上是人为因素。即当地政府或管理部门向企业索取多、扶助少,致使企业难以生存。

北京对待企业的生存发展,政府和管理部门采取了不插手、不干预、不索取、不刁难;入门自愿,退出自由;支持企业发展壮大,不向企业摊派收费。严格执行国家的税收政策,该优的优、该减的减、该免的免;尤其对待中小企业,基本以鼓励发展、安置就业、稳定社会、造福于民为主体目标,使得一些资金不多的个体创业者得到自谋职业、大胆创业的良好环境,顺利融入了北京的发展之路,同时,也使北京的各项产业得到了健康发展。

(六)北京为提升中华民族的国际地位功不可没

30 多年前,当国际友人踏入北京时,虽然也会感受到东方大国民族的独特文化和新中国勤劳智慧的一代新人的精神风貌，但同时也会感到这个发展中的国家与西方发达国家客观上仍存在不小差距。

30 年后的今天，当国际友人再度来北京的时候，映入眼帘的却是一座超规模的国际大都市，这里拥有世界一流的建筑，历史留传的重要宫殿与现代摩天大楼交相辉映；这里拥有一流的国家教育，诸多名校林立，形成了强大的人才培养基地；这里拥有一流的服务，全国各地的地方特色风味餐饮已把现代北京装点成为一座品尝大国饮食经典的名城；这里拥有一流的经典文化，56 个民族组成一体的精彩表演常在京城各大剧院展示风姿，让外来客人一饱眼福。这里是一个完全开放的国际窗口，各国来华工作、学习、考察、旅游的外国友人，把北京之行看作一生的幸事和美好记忆。

北京人的工作态度、快乐生活、精神风貌、接人待物等，都让外来客人感到这个东方民族的首都充满了神奇的魅力！

今天的北京，已成为一座世界名城，它的稳定和发展，对提高中华民族的国际地位起到了丰碑性作用。

（七）北京城区环境建设正在探索新的路径

截至 2012 年 12 月，北京林木绿化率达到 55.5%，森林覆盖率达到 38.6%，城市绿化率达到 46.2%，饱受沙尘暴困扰的北京已基本建成三道绿色生态屏障。2009 年北京市新建设四条 176 公里生态景观大道，完成绿化面积 4.4 万亩。[①]

政府的这些举措令人欣慰，并对改观北京的环境起到相应作用。

2001 年前，在北京的街上走一趟，拍打几下衣服就见尘土飞扬，鼻孔里会钻满黑灰。2008 年后，这种现象得到了很大的改观，城区的环境逐步在发生变化，有些马路两侧，已出现高大的林荫，似乎在空中搭起了一个遮阳的帐篷，在金色的阳光辉映下形成了一幅清香秀雅的独特画面。

（八）北京保护和修复了大批历史文物

北京作为历史悠久的六朝古都，这里既有华丽宏伟的皇宫和闻名天下的四合院，又有洋溢着生机勃勃的现代化摩天大楼。尤其是巍峨的天安门屹立在世界最大的广场——天安门广场北端，每当雄伟的国歌声在广场响起，国家领导人就在这里接待国际友人的来访。

紫禁城曾是世界规模最大的皇家宫殿，是明、清两朝最高皇权的象征。

---

① 参见《北京市园林绿化局 2012 年工作总结和 2013 年工作计划的通知》，首都园林绿化政务网，2013 年 3 月 15 日。

北海是元朝定都北京以来留存历史最悠久的皇家园林之一。

什刹海是老北京胡同和新北京文化的和谐相处构成的北京特色一景。

八达岭长城和十三陵以及颐和园是世界上最大的皇权建筑之巅和园林之冠，从景观布局到建筑风格均可称为历史奇迹。

被称为天下第一步行街的王府井，是每一位来北京观光的游客必到而不愿错过的绝妙之处。还有北京的京腔京韵，流传百年的北京烤鸭，举世瞩目的奥运场馆，坐落在天安门西侧的当今国际一流水平的国家大剧院，还有香山公园、北海公园、圆明园、大观园、世界公园等等诸多闻名天下的特色园景和朝阳门外的国际大油桶式高楼与正面相对称的天窗式中国银行大楼，以及密布城区高达 30 层甚至 40 层的、直插云霄的高楼大厦，皆成为景中之秀。

可以说，北京是一座承载中华民族帝都的圣地。几千年来，积聚了多少人类社会的灿烂文化，让世人瞩目，代表着 13 亿人口的大国巍峨屹立于世界东方。

北京这座城市对加强国际交往和为各国友人了解中国，提高中国的社会地位等都起到了决定性作用。北京的发展，是中国的形象，是每一个中国人的骄傲，是中华民族在世界上地位提升的重要体现，具有重大的政治意义和深远的历史意义。

然而，北京和全国各大中城市一样，随着城市的快速发展，人口的大量无序拥入，特别是广大农民盲目拥入城市，又出现了许多困惑和难题。

（一）社会出现了巨大财富回流和浪费

一是 2 亿多农民工长期流入城市，每年付给城市的房租 1 万多亿元，而中央财政每年投入农村建设也是 1 万多亿元，等于中央的巨大投入通过务工农民的手原本回流，送给了城市有房出租的富人。仔细想想这笔账，真让人感到很遗憾！

二是近些年，中央财政大量投入，使农村基础设施特别是公路、通讯和水电，都得到了全面改善，但利用率却极低。尤其是农民一般都在农村修建了新居，而多数农民常年挤在城市，家里的住房长期闲置，而城市又要重建安置房，出现了农村和城市社会资源和财富的双重惊人浪费。

三是社会资源过于集中城市，造成人口盲目拥向城市，引发人才和劳动力就业的恶性竞争，导致北京等大城市居民年过 40 岁就大批失业，政府还得承担低保，一些大城市的餐厅、宾馆等服务行业，几乎看不到中年人员。许多身体健壮的中年人过早失业，造成了劳动能力的巨大浪费。当今西方许多发达国家都没有这种现象。

（二）农村主力外流造成食品安全出现了历史性危机

农业！本是养命的产业！

农民！本是重要的职业！

而我们的现实恰恰相反，一方面农民没有得到应有的社会地位，另一方面也是核心问题：务农产出效益低，使当今农村没有几个人想当农民，特别是年轻人，都把当农民看成最没出息的事情，养命的产业出现了历史上支撑力量最微弱的时期。

导致一个养命的产业，却是最弱的劳动者群体在支撑。这些耕作者对科学种田没有太多的概念，纯靠产量保收入，致使防虫防病靠农药，药量打多打少，迟打早打凭感觉，饲料、化肥成了种养的大"鸦片"，从而出现了当今人们上桌吃饭就恐慌的不正常局面。

（三）亿万农民工大流动给城市生活带来了无法回避的压力

城市能够接受和安置的外来人口是有一定限度的。当大量外来人口无序拥入城市并大大超过城市承受能力的时候，必然要给城市生活带来新的困扰。

1. 巨大成本的地铁公路铁路都在不断扩建

记得 2008 年春节，一场罕见的冰雪袭击了我国南方，几百万务工者被困南疆，春节回家与亲人团聚的计划霎时变成了泡影。60 万务工大军滞留广州车站那个狭小地盘的情形，引起人们的特别思考。

企业过于集中在大中城市，导致务工人员向城市大流动，是造成交通压力和社会问题的直接原因。

近些年来，每到春节期间，铁路公路交通部门就承受着客运的巨大压力。2013 年春节，全国道路部门旅客运输量近 31 亿。为此，交通部门不断扩建和新建，已投入了巨大成本。

再看北京，由于外来人口的大量拥入，使北京这座特大城市位居"国际堵城"之最。在新中国成立初期的地图上，北京的辖区面积只有 707 平方公里，而 2010 年统计就已达 16410 平方公里，扩大了近 24 倍。

截至 2013 年底，北京的机动车已增加到近 535.4 万辆了。主要干道高峰期平均车速每小时不到 20 公里，市区 183 个主要路口中，严重阻塞的达60％。① 我们按每小时平均车速 20 公里计算，从东到西走直线 160 公里就需

---

① 黄序：《北京城市发展报告》，社会科学文献出版社 2008 年版，第 19 页。

8 个小时左右。

自己开车出行，从城东六环路到城西六环路上下班时间来回一趟也得花上 4 个多小时，遇上特堵的时候，延长一个多小时是正常的事，这使在北京工作生活的人十分无奈。

2. 生活成本居高工薪阶层焦虑

现代北京，城区内基本都是新世纪的高楼大厦，甚至别墅型、豪宅型住宅。稍稍好一点儿的地带，房价每套都在几百万元甚至上千万元。这对于普通老百姓和完全靠拿工资的政府官员来说，买房一事想都不用想。城区也有少量的新中国成立后早期建设的旧城居室，其中有楼房、有平房，大部分住着外来务工人员，只有极少数仍住着北京的市民。旧城居室一般都很破旧，但出租给外来务工人员价格一直居高不下，逐年还在增长。四环内面积约 50 平方米的旧居室月租也得 1000 多元以上，稍好一点儿的就得 2000 多元甚至 3000 元左右。

工薪阶层包括外地来北京发展的绝大部分工薪阶层，长年靠租房居住，他们月薪可能 3000～5000 元，甚至 7000～8000 元，这个数相对中小城市应该是非常可观的工资待遇。可是，在北京稍舒适点儿的出租房每月得花去 2000～3000 元，交通费用也得花去千余元，剩下就是只能勉强维持过日子的生活费，几乎没有多余的了。要想给父母或自己留点儿特殊备用，那就得从每个环节去想办法省了。

这种状况，导致相当部分工薪族只能选择去郊区租房或者合伙租房，但省了这头苦了那头。

一是住处至单位的距离可是拉远了数倍，每天耗在上班途中的时间长达 4 个小时左右，有的甚至要耗费五六个小时。

二是由于耗费时间过长，得不到必要的休息，人的体力消耗过多，精神难免出现疲倦状态，工作效率得不到有效保障。

三是由于人的时间分布几乎每天都是家里、路途、办公室三点一线，整天紧紧张张，脑子里的时间概念那根弦长期绷着不能放松，使人感到生活压力之大难以承受，身体出现亚健康状态。

3. 效益生命时间被无奈掠夺

有笔重要账很少有人算，像北京这样的特大城市，很多人一生有可能无奈耗费几年有效生命时间。因为每天上班路上就得花去四五个小时的时间；有的人花在路上的时间更长。

按 22 岁左右走上工作岗位，一直到 60 岁是一生工作的黄金时期。在这 38 年间，每天在路上消耗约 5 小时，5 小时×每月上班 22 天＝每月无价值浪费 110 小时，每年将有 50 多天近两个月时间浪费在路上。

如果你处在这种交通状况下生活 6 年，就等于白白浪费近一年的时间，生活 12 年就浪费近 2 年。如果一生不能改变这种交通状况，工作 38 年的黄金时期，会有 5 年多的有效生命时间白白浪费掉，而且是人生中最具活力的年华，真是惊人的浪费，这是最能创造社会价值的时间。但愿北京城市的发展会有科学的转向，使这笔时间账永远留在假设中。

近些年，不少人不想耗费这个时间，买不起房却变换主意凑钱买车。私人买车，本来是件大好事。但在大城市，尤其是北京，轿车多了是造成交通拥挤的重要原因之一。

按照路程距离和正常行驶车速，自己开车半小时内完全可以到家的路程，稍有堵塞，就会花费一小时左右，一旦遇上长距离堵塞，时间概念立刻彻底消逝，无奈困守马路，心里再急都无济于事，只能默默看着躺满马路的"甲虫"睡大觉，宽敞的马路变成巨大的露天停车场。谁遇上了都会无缘无故被夺去少则几十分钟，多则一两个小时的宝贵时间。

4. 城区环境特别是空气污染已使不少人出现恐慌心态

因为北京太大，并且还在继续向外扩张，原有城区还没有完全优化，新的城区又在产生。市区居住人口稠密，生态环境难以相匹配，特别是交通堵塞造成的污染，严重影响了北京的环境，尤其是雾霾天气已使人们感到健康受到很大威胁。

尤其夏天，太阳光照强烈，地面温度较高，道路一旦堵塞，每辆汽车都夹着一个冒烟筒，就像野外的打屁虫不停地向外放废气。几十辆甚至几百辆汽车挤在一起，整个马路乌烟瘴气，如同一个排放毒气的无形大蒸笼，无论困在车内还是路边行人，难免心情烦躁。

5. 上下班时乘公交车变成了拼力气

北京的公交虽然四通八达，但是，由于人口过分稠密，每到上下班时，需要运送的人数大大超过了公交车正常运送的能力，拥挤就成了无法控制的实际问题。2009 年 9 月 20 日北京生活频道报道，天通北苑 465 路的拥挤严重到了车门都关不上，记者想跟车采访，站在旁边看了看根本没法上。这种现象不仅只是天通北苑，如国贸桥的马路两侧、建国门两旁的公交线路、三元桥一带的公交站、中关村一带的公交站、木樨园一带的公交站等，每到夏季大热天，上下班时乘坐公交车可不是件轻松事。站牌前黑压压的人群焦急等待，神情各异，男女之间无法顾及礼节。车内热气汗气交织，吵闹声混作一团。一旦女士挤在男士包围之中，前后左右四面受夹，女士委屈得蹙眉瞪眼，但又实属无可奈何，只能忍气吞声。

2009 年 1 月 1 日，网络新闻登载，在北京挤公交车是包含散打、柔道、瑜伽、平衡术等多种体育和健身项目于一体的大型综合性运动。

这一具有文学性评语，给乘公交者综合了一个形象的比喻，同时也为我们的城市设计者们提供了研究城市规模问题的重要资料。

四、农民工自身透视出"四个"社会问题

由于农民工长期处于流动状态，生活中必然出现一些难以避免的问题。

（一）打工生涯的生活质量明显下降

根据本人对湖北、江西、湖南、河南、安徽、吉林、辽宁、四川、重庆、浙江、广西、福建、安徽、广东、陕西、甘肃、山东、贵州等多个省区的农民工调查，农民工年龄从十六七岁到 50 出头，而且是一批一批地输送到城市。不少人在城市工作超过 20 余年，最终还是回到农村。

他们在城市从事的职业，主要分布在生产企业、服务行业和重体力劳动的建筑业。居住条件不仅拥挤，而且绝大多数住在旧式筒子楼和简易平房，或地下室或工棚。

北京一些建筑工地的农民工，他们每天有长达 11 个小时的重体力劳动时间，可饮食生活难以相匹配，每天早餐两个馒头，一夹子咸菜。有的工地中餐晚餐还是馒头和小菜，基本没有油水。民工实在难受了只能自己花钱到路边小饭店去改善一顿。

（二）某些入城农民工出现心态失衡容易犯罪

农村青年来到城市，一部分人顺利找到了打工岗位，一部分人却应聘艰难。当带在身上的本钱花完后，连吃饭睡觉都没有着落。

眼见城里人住在高楼大厦，开着小车出行，饭店出，歌厅进，甚至还有人随身伺候，他们的心态开始失衡了。

2003 年 5 月 1 日，湖南公安破获的一个飞车（摩托车）抢夺女人挎包的 8 人犯罪团伙，全是湖南、福建等省农村入城打工青年，年龄都是 20 多岁，小学或初中文化。由于进城找不到好工作，又不想吃苦，还想花天酒地，因此，干起了抢劫。

我国著名专家、国务院发展研究中心前任领导马洪、王梦奎主任在一书中论述："任何一个社会，当完全脱离家庭和社会组织约束的'游民'群体过多的时候，社会的稳定性均会发生严重的问题。今天的农民工数量庞大，长

期脱离家庭，脱离确定的社会组织，城市的社会组织还对他们有制度性排斥，长期居无定所，没有一个稳定的生活环境，这是造成各种犯罪和社会不稳定的基本原因"。①

（三）农民工情感困惑形成了突出的社会问题

1. 已婚男女承受长期分居的情感折磨

打工生涯把一生最美好的青春年华都留在远离家乡的城市。一年到头难有一两次与家人的短时间团聚，长期没有过上正常夫妻生活，更没有尽到夫妻间应有的义务和责任。

2. 家庭成员承受亲情分离的牵挂

在打工族中，有部分已婚夫妻难忍分居之苦，干脆夫妻一同外出。可是舍下孩子和老人留在农村，还是无法摆脱亲情的牵挂，空巢老人和留守儿童成了如今严重的社会之痛。

3. 未婚男女情感婚姻的后顾之忧

打工男女青年在集体生活中随着时间的推移产生感情，很自然地走进爱河步入婚姻的殿堂。办理结婚手续后，在城市既无户口又无住房，只能回到男方故乡农村。当女方体验到丈夫家境与想象相差甚远，甚至感到上当受骗时，矛盾必然激化，导致婚姻失败，家庭分裂后隐藏着许多新的社会问题。

（四）农村留守子女成长教育问题突出

孩子缺乏父母的亲情，很容易产生自卑、孤僻、冷漠、多疑、喜欢独来独往、合作意识差、厌世自闭等心理现象。一旦形成这种心理，就难免出现精神空虚，人格扭曲。有些孩子不想学习，整天无所事事，沉迷上网，玩电游，甚至投靠"大哥"，打架斗殴；或早恋和同居，丧失性道德观念。留守儿童身心健康发展方面造成了许多难以弥补的问题，关系到下一代人的大事。②

五、人口无序流动导致社会管理难度增大

改革开放前，中国人口流动的比例非常低，尤其是农村人口的流动不到今天的1%，几乎处于不流动状态。当社会允许城乡人口自由流动后，上亿人

---

① 马洪、王梦奎：《中国发展研究》，中国发展出版社2006年版，第250—251页。
② 邹新树：《中国城市农民工问题》，群言出版社2007年版，第230—236页。

口毫无组织地向城市涌进，在一些特殊环境下难免出现难以控制的局面。

（一）社会缺乏必要的教育手段

入城人员未得到入城前必需的政治思想教育和入城就业指导，也是导致心理容易变异的重要原因。

农村青年踏入城市，而自己又无能为力过好生活时，眼前所见的繁华，难免诱惑他们日夜不停地想招、创造条件改变自己的困境。然而涉世不深又无特殊技能的农民工，哪有能力一时改变自己的状况，一招失败，多招不成，就会想歪主意了。加之没有合适的教育手段跟踪，身边陌生的环境又让他们无所顾忌，他们出轨的可能性就已难免了。

（二）公安部门工作量急剧加大

2008年12月12日中央电视台新闻报道，深圳市有上千万流动人口，每天都有大量的案情发生，现有的警力根本管不过来。绝大多数公安干警长期处在紧张的生活状态，甚至在国家的法定节假日，他们也得不到正常休息。

近些年，我国的公安和法院虽然比改革开放前大大增加了人数，律师也成热门行业，但还是有打不完的官司，抓不完的罪犯，尤其农村流动人口中犯罪案件比例较大，以致出现的诸多社会问题超出了社会管理部门最大限度的承受能力。

六、国家安全需要人口合理布局

当今世界，战争硝烟并未远去，国际矛盾也不可避免。从国家安全考虑，人口过于集聚大中城市，难免留下后患。虽然我们国家经过几十年全党和全国人民创造性的艰苦奋斗，经济发展已成为世界第二大经济体；军事力量和国家防御外敌侵略的能力也获得很大增强，但国际形势的风云变幻，不得不提醒我们自己保持高度警惕。国家安全决定了在发展模式中奠定科学防御基础，是全民族的长久大计和大业。

人口过于集聚大中城市，一旦面临战争，将出现太多的防御风险：

一是遭受攻击的目标明显；

二是人员疏散速度缓慢；

三是被对方消灭有生力量重点突出；

四是容易造成连带损失；

五是人口高度集中城市必然形成经济重心集中城市更是防御大忌；

六是人口集中大城市，人们遇战的慌乱，容易形成"麻袋式"困局。

总之，从国家防御战略出发，让多数人口散居城镇，应该是优化国家安全的重举，也应该是符合军事法则的重要方略。

而大、中城市的过度扩张，努力设法连片，甚至变成国际大都市，带来的问题不可轻视。我们先把大城市出现的交通压力和市民生活压力等放在一边不说，就从国家安全的角度考虑，这将是直接关系到国泰民安的大事。

现代战争在很大程度上是空战和导弹战，一个炮弹的袭击，可使整个城市乱作一团甚至陷于瘫痪。2012 年 12 月 17 日，北京一辆救护车仅 3 里距离走了 40 多分钟，致使病人失去宝贵的抢救时机死在车上，足以说明现代化大城市应对灾难的脆弱性。假设一旦遇上突发战争或地震等自然灾害，全城人就像装进了火锅的"泥鳅"，立马出现慌乱挣扎局面，导致谁也让不了谁，谁也没法离开险境，难免遭受沉重打击，国家损失将无可估量。

七、社会安定需要人民安居条件

中国人有句古话，叫"安居乐业"。这是人类最基本的生存要素。安居，包括了安定，即住所固定、安全，能规避风险，并有合适的空间以及较好的环境等。环境又包含了生活地理位置、周边环境、空气质量、交通状况、基础设施等等。

历史上，人类居住环境的改善，从来都是人类社会推进文明进程的重要内容之一。人们在安定稳固的居所生活和长期过着流动生活的心态是完全不一样的。如果一个人长期没有固定的住所，社会是很难对他进行有效管理的。

这里有必要厘清，今天农村人口大流动的来由。

20 世纪 80 年代以前，中国的工业、商业、文化、经济等社会生活中的四大主业基本集中在城市。与城市相对的广大农村既不通电，也不通公路，三无通讯设施等封闭落后的局面，两者形成了鲜明的二元差距对比。这种差距的存在，引发了人们的热切思考，从而出现了 90 年代以来，社会各界共同呼吁农民工向城市转移的热潮。大家都本着良好意愿想象，只要农民进了城，中国就能消除贫困，消灭落后的乡村，使全国人民都过上同等幸福的生活。

然而，当亿万农民拥入城市后，却出现了许多难以预料的新情况和新问题，尤其是 2 亿多人长期处在流动状态，除了流动人口自身遇到许多问题难以解决外，而且还造成了许多不安定因素，给社会管理部门带来了难以预料的困惑。这些问题的根源都在于人口集中导向城市的结果，社会从就业方向和机制上做出调整已成当务之急。

八、人民安康需要人与自然和谐

在社会生活中，人类的活动除了对社会有所贡献外，在很大程度上应是为了人类自身活得"轻松舒适，健康长寿"。遵循这个前提，应该认识到，人们所处的生活环境，直接关系到人们的生活质量，关系到人的健康和寿命。换句话说，就是人民安康取决于人与自然和谐共处。

人与自然的和谐，主要包括人类生存环境有利于人们心身健康，自然界提供的食品、空气和水有利于人民健康长寿等两大类。

中国工程院院士钟南山指出："现在呼吸系统疾病的发病率和成因，已经直接指向了大气污染。灰霾不光是对呼吸系统，对心血管、脑血管、神经系统都有影响，但首当其冲的还是呼吸系统。北京十年来肺癌患者增加了60%，应该说空气是一个非常重要的原因。""大气污染比非典可怕得多。""非典你可以考虑隔离，可以想各种办法医治，但大气的污染是任何人都跑不掉的。""要是灰霾从25微克增加到200微克，日均病死率可以增加到11%。"[1] 2013年元月，北京在这个月内却出现24天雾霾天气，不得不让人们对大城市的生存环境担忧。面对现代城市人口密集、绿地较少、交通拥挤、空气污染、住房紧张、生活压力大等现状，人们更应该清楚地看到广大农村地域辽阔、资源丰富、空气新鲜、环境优美的独特优势。

从生活质量和健康长寿这个根本问题来考虑，农村是我们人居的理性选择。何况生态、安全、优质的人类生活食品，也是从农村生产出来的。城市食品工业也只有利用来自农村的生态、安全食品原料，才能生产出安全加工食品。所以农村是一个支撑人类健康生命的发源地，我们不能轻视农村，也不能简单地断定农民只有进城才有出路；更不能轻视农民和农业，特别重要的是人们应该改变观念，充分认识到农业是一个高贵的产业，农民是一个高尚的职业，重视农民和农业，应胜过重视其他职业和行业，因为这是一个养命、活命、确保人类健康长寿的职业和产业。

综上所述，可以得出一个结论，解决中国社会二元格局的问题，绝不宜只看到城市先进的一面，不宜将几亿农民的主流往城市引。应清楚地看到生态人居的"大本营"，理所当然在广大农村。只有把农村建设好，使广大农村

---

[1] 《新华每日电讯》第四版，2013年2月1日。

活跃起来，让人口大国的多数人聚居于广大农村的中心镇，人与自然才能真正和谐，才会开创出人类生活的崭新局面。

九、客观估量我国城市的发展状况

确定城镇化建设运行模式，很有必要对城市发展再次进行估量。这是抉择城镇化建设运行模式的重要因素和依据之一。

（一）城市到底能吸纳多少农村人口

根据 2013 年 10 月 27 日《京华时报》登载清华大学中国经济数据中心发布中国城镇化调查数据显示，20 年内农转非比例仅增长了 7.7 个百分点。这就意味着目前我国农村户籍人口至少还在总人口的一半以上。而目前我国人口在 100 万以上的城市不足 100 个。何况每年还有大量农村人口出生不在这个数据之内。如果近 8 亿人的安置主流放在城市，无疑时间长、压力大、成本高；可见农民的真正的出路和安置主流只能在镇。

（二）大城市其规模究竟是多大

根据城市专家对城市规模收益与外部成本的预算，大城市规模在 100 万～400 万人口时，是城市所获效益的最佳状态。

美国设计城市标准之一是城市核心的人口每平方英里（2.6 平方公里）2500 人。按照这个城市人口密度标准，不仅我们的城市大大超过了他们的城市人口密度，而且我们的许多农村社区都应该是城市了。

而目前，我国的设市标准之一是县人民政府驻地镇从事非农业的人口不低于 10 万人，其中具有非农户口的从事非农产业的人口不低于 7 万人；县总人口中从事非农业的人口不低于 25%，并不少于 12 万人。[①]

就每个人的生活所需的社会环境，包括工作、学习、文化娱乐、医疗卫生、社会交往等，一个 3 万～5 万人口的生活区就足以了。

当然我们设计城市，不是只考虑这些因素，更重要的是要求有利于发展经济。如果就生活而言，大城市确实没有小城市舒适。现代科学技术的发展，信息时代的科技手段，为小城市发展，为企业扩散营造了十分有利的条件。相对而言，大城市的许多弊端都是小城市的优势。由此让人们明白了一个道

---

① 张晓山、张淑英、李周、盛来运：《中国农村经济形势分析与预测》，中国时代经济出版社 2008 年版，第 40 页。

理，城市不是越大越好。

（三）大城市发展到一定规模时就该寻找新的发展空间

业内专家论述：随着经济全球化，区域一体化的发展，以行政区经济为中心的指导思想、发展思路、框架模式已经不适应新形势下强调地区协调发展的需要。城市在编制"十一五"规划时，应强调城市区域规划，突破行政区概念，引进区域经济的理念，地区与地区之间，行政区与行政区之间的协作问题。①

企业是城市生活中最活跃的因素，当城市发展出现城市生活超负荷的情况下，企业应该率先寻找新的生存环境。

国家发展和改革委员会宏观经济研究院副院长，著名经济学家刘福垣博士提出：工业化的对象是"三农"，城市化的对象是"三农"，市场化的对象还是"三农"。这些"化"的对象搞清楚了，还在城市里折腾干吗？因为在中华人民共和国的土地上，二元结构的阴面是大面。②

从客观的角度看，大城市发展到一定规模，也应该寻找新的发展空间，重点应该跳出城区。

我国现有城市的发展，都局限在本市周边扩展，这是一个十分受条件制约的方式。因为周边的土地非常有限，摊"大饼"的城市，使城市病一天一天恶化升级，给政府的管理工作带来越来越大的难度。由此，城市发展到一定规模，就应跳出传统发展模式，向外寻找新的发展空间。

十、人的城镇化客观要求重点摆在农村镇

中央城镇化会议从运营机制上做出调整，让全国人民欣慰和激动。

时任副总理的李克强会见世界银行行长金墉时指出："13亿人的现代化和近10亿人的城镇化，在人类历史上是没有的，中国这条路走好了，不仅造福中国人民，对世界也是贡献"。③

我国农村问题的复杂性和特殊性，决定了我们必须在体制机制上寻求突破，在宏观韬略上创新农村的主体运行模式，提升驾驭城镇化建设这场战争的巨大能量和底气，才能赢得这场战争的主动权。

中央城镇化会议确定的方向目标，其内涵应该是在稳定城市发展的同时，

---

① 连玉明：《中国城市年度报告》，中国时代经济出版社2005年版，第10页。
② 刘福垣：《中国城市年度报告》，中国时代经济出版社2005年版，第299—300页。
③ 《李克强副总理在会见世界银行行长金墉时的讲话》，新华网，2012年12月28日。

重点通过在农村建镇，使广大农村开创新的就业机制，实现人的城镇化，农民收入城镇化，生活质量城镇化，而不是集中大城市化，不是高楼化。镇的发展定位，正是全面解决上述矛盾和问题，实现城乡同步协调发展的重大战略国策，是中国社会科学发展之路，安全发展之路，是功在当代，利在千秋，切实改变中国的大业。

"四大"模式的提出，特别是其中"万镇"模式的构架，应该是对我国农村传统发展体制的有益创新，而且也是全面贯彻中央城镇化会议精神，从源头上化解我国社会诸多矛盾的重要途径。

我国农村万个左右重点镇的定位，应该是形成全面改变我国农村局面的时期到来。

镇！将在中国疆域土地上绘出万紫千红的美丽蓝图；

镇！将成为承载"中国梦"的新型舞台！

第二章 "万镇"模式

习近平总书记指出："要坚持实事求是的思想路线；分清主流和支流，坚持真理，修正错误，发扬经验，吸取教训，在这个基础上把党和人民事业继续推向前进。"①

这一指示使我们坚定了深入探索现实问题的信念。

根据我国农村行政区划的现状，挑选 1 万个左右乡镇打造成重点小城镇承担城镇化建设的主体战场，应是一个十分有益的运行模式。既克服了现有 3 万多个乡镇过散、过小与现代化不相适应的弊端，为城镇化建设在农村相对集中地形成工业区域确立了基本规模取向，又避免了城市化过于集中在短时期内难负重任，使多数人在等待中度过一生的遗憾。还为我国乡级政权行政管理体制改革提供了重要前提。

一、全国农村形成"万镇"格局的客观依据

（一）60 年发展亟须全面调整行政区划

我国现有乡镇的行政辖区格局，主要成型于 20 世纪 50 年代。当时农村的交通和通讯条件非常落后，乡镇干部下村和工作基本靠步行。为了便于乡镇政府的工作，其乡镇区域不宜设定太大，一般都在 1 万人左右（人口稠密和稀少地区除外）。

经过半个多世纪的发展，今天的农村交通、通讯设置已获得很大进步，大大提高了乡镇政府的工作效率和信息传递能力。乡镇政府的机构设置和人员也大量增加，原来十几个干部的乡镇现在已增至近百人，虽然经过几次大的乡镇改革，全国乡镇数已由 1996 年前的 5 万来个合并成了 3 万多个，但仍有相当部分乡（镇）的行政辖区还是几十年前延续下来的狭小区域，出现了多方面的不相适应：

（1）乡镇狭小区域不适应现代大型农业项目开发，难以适应市场竞争的大格局。

---

① 习近平：《在新进中央委员会的委员、候补委员学习贯彻党的十八大精神研讨班开班式上讲话》，新华网，2013 年 1 月 5 日。

（2）狭小的行政区域承受现代诸多管理部门的行政费用，必然导致财政负担过重，出现基层政府财政连年亏损。

（3）上百名干部采用现代管理手段管理狭小行政区域，造成行政管理机构的管理能力和管理资源的巨大浪费。

（4）行政区划面积过小，也难以形成城镇化规模，尤其是产业规模。

（5）狭小辖区有限的财力、物力、人力不仅不利于乡村发展，而且将直接影响到城镇化建设。

（6）镇区过小，公共服务设施也难形成优势。

由此可见，60多年的社会发展已在客观上迫切要求现在乡镇区划格局重新做出适当调整。

（二）在全国农村划为"万镇"区域面积大小适当

从我国农村现有的乡镇区划面积和人口布局，农村的地理环境状况，以及农村现代交通和通讯等事业的发展状况分析，"万镇"模式即在全国农村确立1万个左右中心镇作为城镇化建设的主体战场，与农村的实际基本相吻合。这个模式的特点，将对全国农村的行政区划面积版图作一次长远发展的布局调整，形成全国农村城镇化的基本框架和格局。这个框架和格局，对于广大农民的生活起居，就地就业，日常活动，以及快速转移农村人口进入城镇等诸多方面，都会起到十分重要的作用。

如果城镇化建设的主战场摆在县（市），将存在着亿万农民工进入大中城市同样的矛盾，因为县城离农民家庭路程较远，许多具体问题无法解决；如果就现有3万多个乡镇同时摆开主体战场，又会因为过于分散，其财力、物力、人力都难以形成规模格局。因此，只有在3万多个乡镇中选择相对集中的地域确立1万个左右的重点镇，重点发展工业，包括农副产品加工工业和其他适合在重点镇发展的各种工业，周边乡镇的农民工在重点镇就业，很快就能形成氛围，实现城镇化建设的全新格局。

（三）农村人口分布于"万镇"符合城镇人口指数要求

长期以来，我国许多县级城关镇的户籍人口一般维持在5万人左右。作为县市以下的重点镇还可以低于这个指数。由此全国规划发展"万镇"，人口数量能够达到城镇化发展要求。所预计的人口数量一般能达到5万人左右，多的可能达到7万～8万人，完全可以衬托城镇化的人口格局。

由此可见，全国托出"万镇"模式，不仅是我国城镇化建设符合国情的模式，也是我国逐步实现城镇化的有效途径。

（四）"万镇"模式是创建城乡社会协调发展的坚实基础

目前，我国农村的教育与城市相比仍存在一定差距。农业人口中的小学文化人数还占了一定比例，这个客观事实说明凭这部分农民所受的教育程度，即使给他们解决城市户口，他们也很难在城市生存。因为城市的竞争远远大于农村。文化偏低的人进入现代城市，必然给社会和自己造成双重困惑。

"万镇"模式正好适应了社会良性发展的需求，既能减轻城市压力，又能帮助农民尽快转变身份，成为城镇居民。更重要的还能快速实现全国城镇化和加快全国城乡同步进入小康的步伐，又避免了农民的尴尬局面，是构建中国和谐社会的主体基石。

（五）"万镇"模式符合人性化生活发展方向

随着科学技术日新月异的快速发展和人民生活水平的不断提高，人们的生活观念也发生了很大变化。尤其进入 21 世纪以来，人们对于人居环境的优化提到了全社会广泛关注的重要位置。

改善生态环境，降低污染指数，净化生活空间，打造绿色家园，已成为时代发展的方向和人类共同追求的主流。

从世界发展的大趋势看，各国人们已逐步把环境与健康的关系问题提到了人类社会发展中十分重要的位置和高度。一些发达国家已有不少人离开闹市区迁移到乡间享受大自然的美丽和田园风光。

然而，在我国广大农村，却有千千万万蕴藏着人类延年益寿的无价宝地在闲置。那里有蓝天辉映碧波秀水，林海相伴鸟语花香，却伴随宇宙孤独的旅行朦胧淹没在无人问津的历史长河之中。真让人感慨：青山绿水空对月，谁娶仙园做玉婷。假如我们能在那种氛围中搭起一片生活空间，那是多么富于自然生态的人性化情调。

由此，我们在广大农村创建"万镇"，正是选择了人与自然和谐发展的阳光之路，适应了时代的客观要求。不仅符合人性化生活发展方向，而且避免了走单一城市化道路给泱泱大国造成只有城市繁荣而无乡村人居特色的单调和乏味。当成千上万个绿色城镇在神州大地崛起之日，将是我国版图上如繁星闪耀的又一显赫景观，让全国人民赞叹和让世界人民震撼！

二、"万镇"模式的功能定位

改革开放以来，全国乡镇由 5 万多个逐步合减到了 3 万多个，如果再由 3

万多个逐步合并到 1 万个左右的重点小城镇，这应该是一次具有特殊意义的行政区划格局调整。这一变革，不是简单的行政管理区域增大，而是强化乡镇经济发展功能，彻底改变中国农村几千年来传统格局的一次历史性重大变革。

"万镇"模式形成后，重点镇的地位将呈现出诸多方面的特点，并在农村显示出特有的强势功能。

即：农村政务活动中心；

工业发展中心；

经济引领中心；

小农户与大产业组织中心；

地方特色资源开发中心；

农村消费拉动内需中心；

城市与乡村连接中心；

农产品与市场对接中心；

农业技术人才培训中心；

剩余劳动力转移就业中心；

现代商业中心；

文化教育活动中心；

城镇化人居中心。

特别是国家的长久备战重心和民兵预备役队伍建设中心等。

这些独特功能的存在，充分显示了重点镇完全不同于原有小乡镇的地位。至于这种重点镇承载了如此重要的重任和城市无法替代的功能，其名称是否应定为"中心镇"，大家可再探讨，最后由中央相关主管部门酌定。重点镇其功能所产生的特殊作用，将会实实在在引领广大农民向城镇生活过渡，快速改变农村社会的生活现状，避免农民工盲目向城市转移而出现的诸多社会矛盾，使重点镇成为实现中国社会进入全面城镇化的新型载体，承担起孕育中国农村转换生活形态的重大历史使命，创造出中华民族发展史上提升人们生活质量的伟大丰碑！

三、"万镇"模式的十大作用

由于"万镇"模式顺应了我国社会发展的客观需要，又符合中共中央、国务院提出城镇化建设的目标要求，在推进我国现代化建设的历程中将呈现十大显著作用。

（一）"万镇"模式是国家资本最大效益化和低成本城镇化的捷径

资本投入所产生的效益状况，是投资者最关切的首要问题。无论是个人或单位，选择投资方向时都会不断地调查、分析，并根据不断变化的情况，对其投入方向进行调整，使之达到更科学的状态。

首先，我国形成万个左右重点小城镇的发展格局后，必然使绝大部分农村剩余劳动力能在当地安居乐业，基本实现镇里上班家里住，既舒适、又合适。完全避免了由于大批农民工进城造成农村大量住房闲置和城市重建安置房的浪费，使国家资本和民间资本同时得到合理利用，发挥良好效应。

其次，国家每年都在向农村投入万亿元以上的扶助资金。如"万镇"格局形成后，国家将大量投入改变为鼓励企业去"万镇"发展产业的免税或减税政策，将会调动成千上亿的企业家在中央政策导向下奔赴农村中心镇发展，聚集到超过国家直接投入万亿元多少倍甚至多少万倍的民间资本投入中心镇建设，形成推进城镇化的巨大实战力量，是国家经济学最大效益化的成就。

（二）全面解决人口合理布局确保国家安全

在我国疆域国土上布局万个左右"重点小城镇"，不仅充分利用了祖国各地优秀的自然生态条件，为我国人民从根本上改善生活环境状况构架了发展思路上的重大突破，而且从国家整体安全上，布局了一个有利应对各种灾害风险的人民科学居住版图。特别是在防御战争、地震、瘟疫三大突发性灾难方面，将对减少灾害可能造成的损失，确保人民生命财产安全发挥决定性作用。

当我们还处在世界战火常在一些地区燃烧的时代，防御的警惕性绝不能松懈。"万镇"的形成，在应对可能发生的现代战争方面，不仅可以避免人口过于集中将会遭受的重创损失；而且便于科学分散布置武装防御力量，强化国防安全设施。

（三）"万镇"模式将成为我国全面城镇化的有力载体

首先是解决农民就近安居乐业。

根据我国农村的实际，"万镇"格局形成后，使我国几亿农村农业人口有条件快速转移到当地镇上就业，实现农民身份的转变。这应该是一条真正具有中国特色的城镇化道路。

与此同时，农村劳动力将进入一分为三的有序状态，一是绝大部分农村劳动力在当地重点小城镇就业，并允许有需求的人员逐步向镇上迁居；二是一小部分满足城市用工的需求；三是一小部分从事农业种养殖业，充分发挥重点小城镇主导就业的特殊作用。

关于城市用工问题，客观要求劳动力管理部门尽快建立有序吸收城市用工的机制。

既体现了建立有序流动的重要性，又体现了应尽快制订劳务输出的有效机制，劳务输出应由政府相关部门加强管理，不宜简单交给社会中介承办。

万镇形成后，镇政府应指定职能机构，直接管理农村劳动力输出和就业，从而杜绝社会中介机构从中行骗造成危害社会的恶劣影响。

目前，中国城市用工面对农村需求主要有三个方面：

（1）突击性临时用工。某些单位特殊需要，用工时间只是几天到一个月。

（2）季节性和短期用工。一般在半年到一年左右。

（3）长期用工。一般在3—5年以上，甚至终生。

对于季节性和短期用工以及临时用工，建议劳动部门出台政策，应履行相关合同手续，保护农民工在合同期内的人身安全和工伤事故保险，享受相关福利待遇条件。

建议国家出台政策，对于城市长期用工履行正式招工手续，并给予城市资源安排，包括享有城市居民户口等基本待遇。避免农民工进城同工不同酬，同工而身份和社会地位不同以及被歧视等不合理现象，使社会生活进入良性循环。

（四）"万镇"将成为拉动内需的主体

首先，当"万镇"模式在全国形成后，必将以其多项独特功能带动广大农村经济空前活跃，从而快速改变广大农民的生活环境和观念，成为快速拉动内需，并具有强大后劲的新型消费主体，从根本上改变我国经济发展严重依赖外贸的格局，并确保我国经济不受国际经济危机的影响。

其次，广大农村建设"万镇"，重点在于打造产业，将成为拉动内需和国家税收的巨型"起搏器"。

"万镇"建设将毫无疑问地带动农村诸多行业成为朝阳产业，包括农村商业、餐饮、物流等产业，并大幅度增加国家税收。当"万镇"格局完全成熟，几年后生产经营进入稳定发展时期，"万镇"将可能成为国家长久的纳税大户。

（五）能充分利用农村现有资源

"万镇"格局形成后，将充分发挥三大资源作用：

其一是充分利用了全国农村几万亿元的房屋资源，作为农村向城镇逐步过渡的可靠基础；

其二是充分利用近些年国家大量投入农村交通、电力、通讯、饮水等基础设施资源；

其三是更有条件开发地方特色产业资源。

三大资源中，前两种是利用，后者是开发。我国农村地域广阔，资源总量大、种类全、但人均占有量少，具有巨大的开发潜力。只要我们过细探讨，几乎每个乡镇都会存在特色资源。"万镇"作为农村市场经济的运营主体，必然充分发挥开发地方特色资源的功能，把蕴藏在各地的特色资源变成当地农民手中的社会财富，为农民找到一条永不贬值的致富之路。

（六）"万镇"模式对维护社会稳定将发挥重大作用

在全国布局"万镇"，本是一个科学布局社会管理的战略。这个格局形成后，将会较好地解决在管理上由于人口过于集中大中城市所带来的一系列社会矛盾和问题。长期以来，虽然我国在社会管理方面已积累了较丰富的实践经验，但面对一个2亿人口长期处在流动状态的情况下，无疑很难确保社会安定的局面。因为任何一个处在流动中的人员，本身就存在很多不确定因素，当他离开了家庭，离开了亲人和朋友，离开了原本熟悉的生活环境，来到一个完全陌生的地域，自然会出现生活上的许多不方便，一旦面临的困难超过心理的承受能力时，就会做出不理智的举动，包括犯罪现象，给社会造成不安定因素。当这类人群占到一定比例时，社会管理就会难以维持正常状态，甚至出现不可预料的混乱现象，给管理工作造成严重被动局面。"万镇"的形成，将彻底改变这种状况。当流动人员基本回到稳定的生活环境中时，社会管理就会出现新的秩序。"万镇"将为社会稳定提供永久的安定要素和条件，使社会管理恢复规范性发展，形成良好的社会风尚。

（七）使政府从难以安置农民工的矛盾旋涡中解脱出来

自从农村剩余劳动力向城市转移的那天起，我国政府就不可避免地步入了城市安置农民工的矛盾之中。

其原因大家都很清楚。其一是中央、国务院已把解决"三农"问题列入了全党工作的重中之重，解决农民问题是中央的大政方针，任何一位政府官员毫无疑问都会竭力推动这项工作。

其二是解决农民的问题，本来就是政府理所当然的责任，当整个社会都在呼吁农民应该进城了，哪一位政府官员会说不让农民进城，那不是永远要遭世人唾骂的事吗?！

其三是今天的城市就那么点儿地盘，又有哪一位政府官员能应允社会的呼吁，斗胆说将大批农村剩余劳动力作为城市正式居民安置呢？

其四是现在这种亿万农民工大流动的格局导致的诸多社会矛盾，已给政府的工作带来了不少难以管控的因素。从感情上和责任上，毫无疑问要为农民兄弟脱贫致富竭尽全力，但从客观现实看和在实际问题的处理中又感到有诸多困惑和力不从心。

综上四点，今天在对待农民进城的问题上，真是让政府说进或说不进都难以定论。推出"万镇"模式，不仅解决了农民和城市的各自困惑问题，而且立马可使政府从矛盾旋涡中解脱出来。

（八）"万镇"作为城镇化捷径将为快速实现全国统一户籍提供可能

多年来，社会各界一直都在呼吁，希望政府出台政策，取消城乡户籍管理制度，实行全国统一的居民户口。

然而，由于我国人口众多，城市与乡村存在较大差异，过去使用的城乡户籍制度在很大程度上对于保持城市合适的居住人口，维护社会生活秩序，起到一定的作用。

当前，全国取消二元户籍制度已到亟待解决之时。

"万镇"形成后，将成为农民落户城镇的基本取向。

"万镇"模式是实现农村城镇化的坚强载体，可以说是一个造福于农民，造福于农村，造福于城乡，造福于社会的可靠模式；是构建和谐社会的基石。

"万镇"模式的本意，就是安置当地农民，让农村富余劳动力就地转化为城镇居民。其生活成本大大低于大中城市，适合广大农民的承受能力。既不会给大中城市增加压力，又实实在在将农民转移到了城镇，是符合中国国情的一条城镇化捷径之路。这个时候，广大农民获得当地的城镇户口才有真实意义，也为实现全国统一户籍提供了可能。

（九）"万镇"为创建"生态文明"提供客观基础

我们祖国地域辽阔，自然环境千差万别。"万镇"模式的推广，在选择建设中心镇的地址时，必然把自然环境的优劣作为取舍的主要条件之一，力求中心镇创建于绿色生态地域的怀抱之中，以独特的自然生态环境和多民族的建筑风格，衬托出中国农村"万镇"的无穷魅力，成为当今世界独一无二的"生态文明"人居经典，让更多的人幸福生活在绿色家园之中。

"生态文明"，应该包括自然"生态文明"和人文"生态文明"。由此，我们在建设"万镇"过程中，在选择优秀自然环境和保护好自然风光的同时，还应特别注意到建镇风格与当地的地域风情和民族个性相匹配。

近些年，社会各界有不少有识之士指出：改革开放以来，我国的城市建筑千城一面，一味简单模仿，不只是物质空间形式上的雷同，更说明了城市文化个性的贫乏，"200个中国城市的建筑风格如同一母同胞"，这是中国城市建筑设计的遗憾！

当我们拉开"万镇"建设工程大幕前，应该吸取城市建设的这一教训，充分考虑中华民族5000年的灿烂文化和多民族国家的人文风情，把"万镇"作为优秀历史文化和高度"生态文明"的经典来打造，努力建造出世界一流的新型城镇化水平来！

（十）"万镇"将为顺利推行城镇化发挥最直接的基础功能作用和最本职的综合协调地位

从"万镇"所能体现的独特功能看，可以肯定，随着"万镇"的兴起，中国广大农村的经济必然会发生全方位的历史性巨变。

这是因为"万镇"模式除了政治文化等多项功能外，在很大程度上是一个经济实体模式。

我们可以预测到，全国农村1万个左右重点镇格局形成后，在各级政府的关怀扶助下，将充分发挥引进和组织社会各类资源的功能；

发挥主导开发农村特色资源的功能；

发挥主导支持相关力量开办各类企业的功能；

发挥对接国内外市场的功能；

发挥引领企业科技创新开发特色产业的功能等等。竭力打造当地的经济品牌，创造良好的区域经济效益，疏通农村的正常"造血功能"，不断提高广大居民的收入，形成镇内区域经济全新的发展优势。

在这里，我们应该注意到一个客观事实，即今天全国各地许多发展达到一定规模的乡镇，过去同样没有什么工业。

誉满全球的江苏省江阴市华西村，几十年前也是个靠耕作混日食的村庄。江苏张家港、浙江湖州的许多山区乡村、湖南的香花村，特别是河南黄河边上曾经一贫如洗的长垣县等，开始并没有什么独特之处，都是在国家政策支持的大环境下，依靠当地干群一股强烈的创业精神搭起了新的舞台，走出了困境，逐步发展壮大，以至形成了今天的产业优势。

当"万镇"作为我国城镇化的主体运行模式后，在各级党委政府的高度重视下，必将赢得社会各界的广泛支持和参与，自然会在很短的时间内形成一定规模格局，可能一年左右就会在广大农村掀起城镇化建设的全新热潮，成为支撑我国农村兴旺发达的主体，城乡一体化的鲜艳旗帜将高高飘扬在红日高照的祖国上空！

四、运行模式的抉择原则

城镇化建设运行模式关系到诸多方面的因素制约。因此，设计这个模式，必须坚持几条主要原则：

（一）有利于改变广大农民的经济状况
这个模式的设计，最根本的问题是解决农民增收渠道，让广大农民通过一种新型劳动方式达到增加收入，快速改善家庭经济条件。

（二）有利于广大农民安居乐业
这条原则涉及两个重要方面，一方面是新型模式要让农民能够安居，而不是漂流在外；另一方面是让广大农民就业，即天天有事做。因为劳动者闲置是无法增收的。这两者要求统一，就必须谋划新的就业舞台。

（三）有利于社会安定和谐
这些年，大批农民工向城市转移，带来了许多社会不安定因素，给社会管理者工作上带来了很大的压力。这实际上是就业模式造成的问题。设计新的运行模式，必须克服这个弱点，和谐有序的社会生活是运行模式的重要原则之一。

（四）有利于利用社会诸多资源
中国的城镇化建设是一场没有硝烟的战争，光靠农民的力量和国家的支持是远远不够的。应该从模式设计上把调动广泛的社会资源作为重要的内容考虑，从模式上把社会资源融入城镇化的建设事业中，以推进城镇化的快速发展。

五、运行模式的抉择方法

试点经验告诉我们，设计这个运行模式时，不能就农村探讨农村，必须从战略上跳出农村看农村，从资源上站在全国想农村，从地域上放大缩小琢磨农村，从实践上围绕中央提出的总体目标思考农村。

(一) 在宏观战略上跳出农村论农村

我国农村的问题,是中共中央、国务院列入了工作"重中之重"的问题。如果我们跳不出农村的视线,就会感觉农村除了土地可做文章,没有别的议题可谈。虽然土地产能问题是农村的一个重要方面,但绝不是农村问题的全部。农村的问题要解决,必须借用外部力量的思路去发掘农村新的道路。

(二) 从社会资源上站在全国想农村

我国农村多数地方资源丰富,大有开发潜力。但农村的资源是属于潜在资源或待开发资源。如果没有外围流动资源的配套,农村的资源就会永远闲置,无法向社会释放光彩。因此,我们设计城镇化建设运行模式时,在资源整合上,必须站在全国想农村,才能推断出科学的运营方式。

(三) 从地域上放大缩小琢磨农村的主体框架

我国是一个拥有 960 万平方公里陆地国土面积、299.7 万平方公里海洋国土面积和 13 亿多人口的大国。与世界许多小国家相比,一个县甚至一个镇就相当于一个小国家。应用比较法来研究我国城镇化的运营模式,我们就会很自然地想到许多新的思路。

假如世界给我们这个国家就只有一个县或几个乡范围的地盘,我们不可能不发展工业,更不可能不发展其他产业,即使有些大型产业不具备开办条件,但不可能不开办相关产业。可以肯定很多生活必需品同样会在自己的地盘上生产出来。

所以,我们不能把农村土地当包袱,不能把农民当负担,不能把农村当拖累。我国农业、农村、农民的问题需要我们从宏观战略上寻找和构架新的思路。

(四) 从实践上围绕中央提出的方向和总体目标做好这篇大文章

中共中央、国务院提出城镇化国策,是对我国城乡协调发展美好蓝图的整体描述,是我们研究城镇化建设运行模式的大前提。中央提出的这个总体目标就像早已置于我们心中的一座有待修建的美丽而又宏伟的宫殿。

我们采取的所有方式,都是为了顺利建造这座宫殿。我们的责任就是设计一个切实可行的建造模式,能够在最短的时间内,以最低的社会成本,最有利于社会良性循环的生活秩序,实现中央提出的总体目标要求。由此,以上"四大"操作模式的构架，应该在城镇化建设中发挥最本能的作用。

六、挑选"万镇"应考虑的"六个"方面条件和应严格遵循的基本程序

到2009年底，我国共有行政区划乡（镇）34170个。挑选"万镇"作为城镇化建设主体战场，在相互比较的基础上，建议考虑以下六个方面的条件：

(1) 具有道路交通优势；

(2) 具有饮用水资源优势；

(3) 具有电网通信设施优势；

(4) 具有自然地理生态环境优势；

(5) 具有公共服务设施优势；

(6) 具有可能利用的资源优势。

依据上述六个优势，并作为基本条件，从3万多个乡（镇）中选出1万个左右优势明显的乡镇作为重点小城镇打造。

鉴于挑选"万镇"地址关系造福子孙后代的历史性大事，建议对"万镇"的选址，应严格遵循下列基本程序：

(1) 制定预选方案。由省、市、区政府制定区域内重点小城镇预选基本条件，作为预选依据。

(2) 进行预选摸底。由省委、省政府根据各地人口数量和地域条件等因素，进行预选摸底，分配各县市重点小城镇预选数。

(3) 组织预选。由县市政府办公室会同民政、国土、农业、商务、科技、发改委等相关部门和有关专家组成选拔小组，根据省委、省政府下发的中心镇预选参照条件及名额，按程序组织选拔工作。

一是由各乡镇党委政府负责推荐预选乡镇；

二是县市负责召开民意座谈会，充分听取社会各界的意见；

三是选拔小组及专家论证，提出决策建议。

(4) 报地市政府审议。

(5) 报省级政府审定。

(6) 上报国务院和国家相关部门备案批复。

"万镇"选址应该注意的参考因素

重点小城镇选址，涉及许多因素，除一些基本条件作为取舍的标准外，还应该考虑到四个方面的参考因素：

（1）历史名人故里，由于名人的社会知名度高和影响面广，对中心镇的发展将起到一定的推动作用。

（2）历史流传的知名地域，特别是具有传奇典故、有利社会流传、对扩大社会影响具有相对优势的地域。

（3）山水秀丽，风景宜人，便于发展旅游事业，具有特色资源的地域。

（4）要特别注意避开地质有缺陷、易受风雨洪涝、泥石流滑坡、地理环境复杂、自然条件恶劣容易受灾的地域。

七、从实际出发确立"万镇"发展规划

"万镇"定位，在依据基本条件和参照因素基础上，还应注意现有乡镇发展的实际，特别是改革开放以来，我国乡（镇）区划已经过了几次大的调整和合并所形成的具体实际。

1996年前，我国还有43735个乡（镇），到2009年乡镇级区划数已减到了34170个乡（镇），近几年来还在逐年并减。不少乡（镇），特别是经济发达地区的乡（镇），经过几次合并已达到了相当规模。有的乡（镇）已经提前进入了重点小城镇格局。因此，在打造"万镇"过程中，建议应该区分不同情况进行规划：

（1）已达重点小城镇规模的乡（镇），可直接纳入城镇化建设主体战场，支持加快发展步伐。

（2）对已经小有规模，但又达不到重点小城镇要求的，可做好规划，根据条件适时并入1～2个乡（镇），尽快扩大到相应规模以达到重点小城镇格局。

（3）对于完全没有建镇，或形式上乡已改镇但尚未形成建镇格局的乡村，必须根据建立重点小城镇的条件选出中心地址，并根据所需人口基数和地域面积，规划好将要逐步并入的乡（镇）数。

由此预测，第三种情况应是重点小城镇建设中的重点，而且规划并入的乡镇有的可能2～3个就能达到重点小城镇规模，有的地域可能需要并入4～5个乡镇甚至并入更多的乡镇才能形成重点小城镇格局。

目前，我国县市之间由于地域差别，其人口数量差别也很大。有的人口密集县高达100多万人，个别县高达170多万人。一些发达地区的自然村，有的已聚居几万人口，个别村已形成小镇格局。而少数人口稀少的县、市、旗，仅有1万或几万人。这些特殊情况地域，只能采取特殊方式对待。原则上我们可以灵活掌握，通过中心镇模式，把全国现有3万多个乡镇全部规划到 1 万个左右或 1 万个以下重点小城镇中，并采取在发展中逐步兼并，争取尽快完成"万镇"规划定位，逐步完成兼并任务，实现全国农村城镇化建设基础的全新局面。

农村"万镇"，将彻底打破我国农村的现有格局。经过一段时期的发展，"万镇"将以独特的城镇风格在中国广大农村凸显出群星灿烂的现代风采，显示出中华大地处处满园春色、姹紫嫣红的新局面。同时也让闲置多年的亿万农家房屋重新迎接主人的入住，让荒芜了多年的田地找到展示资源价值的机会，让 21 世纪的我国农村健康平稳踏入新时代！

八、从江苏、浙江、广东等三省农村建镇的实践，看"万镇"模式的生命力

我国历史上的东、南地区广大农村经济发展也同全国一样并不富裕。改革开放前，江苏、浙江、广东三省的农村，受计划经济体制的禁锢，主要种植粮食，其他产业包括养殖业很不发达，更谈不上发展工业。

改革开放后，随着农村体制的变化，东南地区农村经济迅速出现了新格局，个体经济特别是民营企业的兴起和快速发展，很快改变了东南地区农村的面貌。从江苏、浙江、广东走过的路程，可以清晰地看到，农村中具有地域和资源优势的乡镇，完全可能成为农村城镇化的显著亮点。如浙江的湖州、嘉兴、温州、金华、宁波、诸暨；广东的佛山、顺德、东莞和虎门镇；江苏的苏州、无锡、常州的一些乡镇等，都把中心镇的发展作为打造区域经济的重要载体，使重点小城镇在推动农村城镇化过程中发挥了极其重要的作用。

早在 2004 年，浙江全省 762 个镇就已有 4061 平方公里面积，平均每个建制镇的面积达 5.34 平方公里。其中 13 个镇人口在 5 万人以上，最大的苍南县龙港镇人口达 13.9 万人。浙江的城镇化，成为吸纳农村剩余劳动力的重要载体，不仅使当地多数农民就地就业，而且还吸收了不少外来劳动力就业。

浙江省湖州市德清县，2002 年以来，引进县外资金 82 亿元，有 40 多个国家和地区的客商在德清县内投资创办企业 500 多家，全县工业企业总数达 2000 多家。2004 年对乡镇行政区划进行了再调整，全县乡镇由 16 个调整为 11 个，使全县乡村形成了重点小城镇格局。与此同时，加大对重点小城镇基础设施的投入，完善重点小城镇的产业发展功能，实现了资源的优化配置，拓展了乡镇发展空间，使大批农村剩余劳动力在当地得到就业。2008 年全县

实现工业总产值 466.4 亿元，生物医药、特色电机、新型材料、新型纺织已成为四大主导产业。

广东省增城市的新塘镇，是广东省的示范重点小城镇，地处广州市东部门户，是广州市东进的落脚点。地域面积 251.51 平方公里，其中镇区面积 19 平方公里。下辖 71 个行政村和 16 个居委会，总人口约 40 万人，其中户籍人口 21 万人，外地人口 19 万人，充分展示了重点小城镇在解决农村问题中的突出地位。近年来，广东加大了对全省重点小城镇的投入，为更好地发挥重点小城镇在当地城镇化进程中的载体作用采取了更加有效的举措。

多年以来，江苏省委、省政府在稳步推进大中城市经济发展的历程中，特别注重县域经济和扶植重点小城镇的发展。改革开放前，江苏的经济并无特殊优势，剖析江苏经济的发展道路主要起步于乡镇企业。

江苏人民在历届省委、省政府的领导下，凭着穷则思变、敢想敢干的拼搏精神，努力创建民营企业，不仅大量吸收了当地的农村剩余劳动力就业，而且还安置了大量的外来劳动力就业，外来人和当地人共同打造出一座座中小城市，使江苏走向了今天的辉煌。在苏州、无锡、常州、镇江等辖区内的县市乡镇，工业经济的快速发展，已把这片土地上的多数乡镇改变成了中小城市，成功创造了"苏南模式"。

20 世纪 80 年代前，张家港还是一个乡级镇，仅 20 多年时间，发展成了全国百强县级市，如今张家港的下属乡镇，多数都变成了现代化的小城市，这些辖区的农民基本都过上了城市居民的生活。

江苏县乡城镇的发展，显示出了企业扩散是农村城镇化道路的重要战略，是建设新型城镇的基本支撑力量，同时也显示了城镇化是解决我国农村问题的基本道路，是我国改革开放的伟大创举。

江苏的经验就是高水平的城镇化经验，江苏走过的路，将是农村发展中"万镇"模式的参照之路！

"万镇"模式是中国农村的希望所在

实现全国城镇化，是中共中央、国务院解决"三农"问题的重大战略举措，是社会各界由来已久的共同呼吁和良好愿望，更是广大农民兄弟多年的梦想。改革开放以前，大部分省的县以下设有行政区，区以下才是乡（镇）。虽然区只是个派出机构，但它从地理位置上却占有优势，成为周边几个乡镇的中心地域。如南方这样的区一般下辖 3～5 个乡（镇），可以作为今天挑选"万镇"（重点小城镇）参考。中国农村的实际、中国社会的实际、中国城市的实际等几方面的因素决定了"万镇"模式最为现实。重点小城镇周边的乡，在没有兼并前仍隶属县（市）。待全国最后一个乡（镇）并入重点小城镇变为居民点或居民社区之时，我国广大农村就应该发生了质的变化和突破！

根据我国现有的财力、物力、人力，特别是全国人民一呼百应、不怕困难的强大决战精神，以及中国共产党的英明决策和号召力，有可能10年左右就会向全世界发布这个振奋人心的特大喜讯。

第三章 "企业战略转移"模式

中共十八届三中全会指出:"推进大中小城市和小城镇协调发展、产业和城镇融合发展。"①

中共中央的"决定",为我们抉择企业战略转移提供了理论依据和政策指导。根据中国城乡现阶段发展状况,中国城镇化建设的运行模式,必须对中国版图内的企业布局位置进行调整,调动部分企业正规军向农村转移,为农村康复"造血功能"创建全新舞台,同时也为城市产业升级提速,启用这把金钥匙打开城镇化建设的全新局面。

时代需要我们举起这面新的旗帜。企业宏观布局战略转移,已到关键时刻,也必然迎来城镇化建设全新热潮。

一、今天的农村具备了企业发展的"四个条件"

就现代企业的生存发展,主要应备有四个基本条件,即通水、通电、通车、通联。

改革开放 30 多年前,我国农村因经济发展缓慢,一般不具备四通条件,所以企业基本落户在城市,甚至主要集中落户在交通便利的大中城市。自改革开放的伟大旗帜插入广大农村后,中国农村的环境逐步发生了很大变化。广大农民,尤其是农村基层干部,面对经济全球化的激烈竞争,借助改革开放的强劲东风,在中央和地方政府的指导扶助下,努力改变农村的现状,过去封闭落后的乡村,逐步修通了公路,架通了电源,饮用了清洁水,实现了村村通电话。

特别是近些年来,中央加大了对农村基础设施建设的投入,使广大农村道路已畅通无阻,乡镇一级公路已达到较好的路况质量,供电、供水和通信等条件基本达到城市水平;手机、电视、电脑也逐步走入农村;网上交流和开展商业运营,已不再是城市公民的专利。

可以说今天的中国农村,特别是乡镇所在地,完全具备了一般企业生

---

① 《中共中央关于全面深化改革若干重大问题的决定》,新华社,2013 年 11 月 15 日。

存发展的四个必备条件，而且逐年不断优化，越来越接近大中城市的企业生存环境。

事实早已证明乡村可以办企业

在人们的生活记忆中，历史已做过真实的验证。

那是 20 世纪 80 年代，中国乡镇企业异军突起，充分证明了广大农村是可以开办企业的。虽然许多乡镇企业经历了诞生、发展、衰退的过程，有的乡镇企业已成为历史，但那是因为和任何新鲜事物的发展一样，遇到了致命的困惑。失败的乡镇企业主要是没有走出三个误区：

（1）企业领导不懂企业。刚从计划经济体制中走出来的农民转换成企业负责人的角色，基本不懂企业管理，更不懂市场经济。对市场信息、市场需求、市场经营缺乏必要的知识基础，甚至对此一窍不通，从而使企业的发展很难与市场经济对接。

（2）乡镇企业严重缺乏科技人才。多数都是土法上马，边看边干，生产出来的产品缺少科技含量，甚至粗制滥造。产品质量的低劣，使乡镇企业严重缺乏市场竞争力，出现产品滞销，甚至找不到市场，给企业带来严重亏损，导致企业功能萎缩，逐步失去生存能力。

（3）乡镇管理存在过失。根据调查的情况表明，许多乡镇企业的停业与主管部门的管理不善密切相关。突出表现在三个方面：一是行政干预企业过多，乡镇政府相关人员不懂企业又过多干预，造成企业管理混乱；二是乡镇政府插手企业人事，任意调派人员，造成企业工作被动；三是乡镇管理者为了解困政府财政，以支持政府工作为由，盲目向企业乱摊派，乱收费，杀鸡取卵，致使企业承受不起沉重的负担而停业。

综上所述，乡镇企业萎缩和失败的主要原因基本属于人为因素，其自然条件并没有直接影响乡镇企业的生存发展。何况到今天为止，全国仍有不少乡镇企业一直在健康发展，并成为乡村经济的主要支柱。回忆这段特殊的历程，给了我们良好的教益和启迪。

今天，广大农村经过 30 余年的改革，企业生存发展的自然条件和主观因素都发生了重大变化。一方面水、电、路等基础设施得到了快速发展；另一方面市场经济体系的形成和成熟，已使人们的思想观念和思维方式都发生了根本性变化，对企业的生存发展所需具备的主观因素有了比较良好的共识。

解决农村"造血功能"，是城镇化建设运行模式的核心，也是城镇化建设的核心主题和全部意义所在。在这个世界上，最终的竞争是创意的竞争。

由此，中国城镇化建设最重要的是需要创造一个全新的运行模式，企业在这个模式中无疑是主角。

二、城镇化建设少不了企业参与或主战

无论从历史角度考察还是从现实状况分析，打好中国城镇化建设这一仗，必须鼓动全国企业家参与。广大农民只是主力，企业家是主战，企业是支撑。

（一）中国企业家有着护国安民的优秀传统

中国的企业家多为有志爱国之士。他们走过艰辛的历程获得巨大的成功之后，始终没有忘记国家，没有忘记人民，特别没有忘记发展滞后的中国农村。

近些年，我与数百名企业家促膝谈心时，发现他们的灵魂深处都有一种十分可贵的意愿，发自肺腑的意愿，即迫切希望我国农村尽快改变落后状态，实现城乡和谐，国泰民安。他们十分关心国家大事，一有机会无不谈论国家大事。我深深感到当代绝大多数企业家，绝对不是个人赚钱发财就心安理得打发日子的心态，他们一般都会视民族利益、国家利益高于个人利益之上，是我国社会主义建设事业的得力干将，是推进城镇化建设不可忽视的强大力量。

早在民主革命时期，就有大批民族资本家为了广大人民和民族的解放事业，倾注全力支持共产党领导的民族解放战争。新中国成立初期，同样是一批优秀企业家和工商界人士支持和帮助共产党把一个一穷二白的烂摊子快速引向了社会主义的康庄大道。

（二）当"战争"来打必定赢得企业踊跃投入

改变一个千百年来遗留的历史问题，而且是改变几亿人口落后的生活状态问题，无论从时间上、技术上还是力量上都不会小于一场战争的难度。因此，在战略上我们应该当作一场"战争"来打，这样就会赢得社会的广泛支持，再难的事也难不倒中国人民。

改革开放30多年来，在我们自己的沃土上，锻炼成长了大批优秀企业家。在他们看来，手中的财富来源于社会，终究要回报于社会。

1998年的洪灾，2008年的南方冰灾，2008年的四川地震等灾难，数以万计的企业家慷慨捐助。国家扶贫基金会、中国红十字会、民政部的社会捐助基金会等等机构，每年都有大批企业为之注入资金，为社会需要帮助的人伸出援助之手。

对于解决农村发展滞后这一仗，中国企业家们早有思想准备。他们不可能袖手旁观，不可能视其国家主导的大事而不顾。可以预见，只要党和政府一声号召，全国大批企业家将形成浩浩荡荡的创建新型产业的王牌军，开赴政府指向的目的地，集中优势兵力打好这一仗。

农村城镇化的战场，无疑也是中国企业家的战场。他们是党和政府解决农村问题的得力助手，是中国经济良性运行的主要基础力量。他们的到来就是中国农村的希望。就像打仗一样，农民主力军打得身疲力弱的时候，企业正规军组成的大部队及时来到，这场战争的局势就会立马改变。

我们完全坚信，就像当年红军到达陕北，虽然条件十分艰苦，穷山恶水，苦不堪言，领导人都长期住在窑洞。可是就在那种恶劣环境下，凭着红军超人的智慧，惊人的胆识，不怕牺牲的伟大精神，一边打仗，一边种粮，纺纱织布，缝补洗涮，既做男人事，又干女人活，在山洞里造出了洋枪炮，在穷山沟造出了大乾坤，奇迹般地打下了千古江山，建立了中华人民共和国。历史的天空从此见到了五星红旗高高飘扬，东亚病夫一夜变成了东方巨人巍峨屹立于世界东方。这是多么伟大的创举，这是多么神圣的经历，更是多么值得世人骄傲的丰碑。

回想至此，我们应该充满信心地告诉世界，在中国共产党的领导下，中国农村城镇化这一仗，我们一定打得很漂亮，因为我们党想干的事，只要发动人民认真去干，还没有干不成的先例。解决农村的问题，虽然不容易，但已列入了全党工作的重中之重。就表示我们党对农村这一仗早已下了决心。与延安时期相比，农村这一仗轻松多了。

其一，不需要流血；其二，情况也不至于两军对峙那么复杂；其三，也是更重要的，今天广大农村的各种条件比当年的延安不知好了多少倍。不仅不需要我们住土洞，而且水、电、路、通信等现代化的基础设施都已创造了很好的条件。如果能拿出延安精神的 1/10 来办今天农村的事，可以肯定地说，乡村处处都可以办企业。而且乡村不少地方现有的企业也充分证实了这一点。无疑有人会说，城市比乡村的条件肯定更优越。但我们不是在谈论哪个地方更好办企业，而是在探讨农村能不能请动正规军办企业。

这就好比一辆汽车在行驶中，前面有一处泥泞路段，我们为了能闯过去，哪怕刮下底盘，弄脏轮胎也不能退缩，因为这车货一定要送到，唯有这条路是到达目的地的通道，哪怕付出点儿代价也要毫不犹豫地前进，因为走其他路可能根本就走不通也到不了。自古华山一条路，我们必须无条件地蹚过去。

（三）企业鼎力相助已有捷足先登之势

自从中共中央、国务院发出农村改革的伟大号召后，广大企业家都在注意寻找机会，力求发挥自己的优势，参与这场划时代意义的事业。

他们早已认识到，解决一个历史遗留的重大社会问题，不可能不付出一点儿代价，也正因为需要付出一点儿代价，共产党才将此问题列为全党工作的"重中之重"。积极响应党的号召，为全党工作的"重中之重"奉献出点滴力量，是一件无限光荣之事。

从企业的角度考虑，也许会付出一点儿代价，也许会获得更好的意外收获，因为中共中央的政策为企业战略转移大开绿灯时，整体经济布局都会发生重大变化，农村的自然环境本来就比城市优越多少倍，也许那时会引发观念上的重大变化。记得"娃哈哈"的老总宗庆后在接受中央电视台采访时就介绍过自己是一位倡导下乡办企业的先行者，他的许多生产基地早已办到了乡下。

当然，何止是"娃哈哈"的老总，在神州大地的广阔农村，不少县、市、乡（镇）已有不少城市的企业家设点办厂，开了先河。如果今天党和政府发出号召和出台引导政策，相信全国千千万万的企业都会联手热烈响应。

一旦全国规划的万个左右重点小城镇成为企业王牌军作战的大本营，中国社会的城镇化建设必然出现奇迹般的速度和局面！

我国的企业家已看好了我国下一个前景光明的最大市场——我国农村，他们无论站在事业的角度上还是站在道义的角度上，都会愿意响应党和政府的号召，支持和参与中国的乡村城镇化建设，在改变中国农村的伟大战役中留下自己的点滴贡献。何况站在经营者的角度，他们早已看好我国的城镇化建设中蕴藏着巨大商机。在他们眼里，改变我国乡村运动，是一项巨大的经济运筹活动。

事实也会如此，农村的任何一点儿改造，都离不开社会投入，同样也少不了产业效益。也许不久的中国农村将变成地球上最热火朝天的建设工地，最活跃的群体生产企业，最繁华的交易市场，经营效益最棒的产业舞台，更是最具生活气息、人气最旺的人类栖身的生态生活乐园！

三、社会为工业基地升级扩散作了八方面准备

（一）信息快速传递手段具备了工业基地的扩散功能
科学技术的发展，推动人类社会进入了信息时代。电子技术广泛应用于社会生活的通信领域，使信息传递方式和速度发生了质的变化。

20世纪初，一条消息传遍全国，少则十多天，多则两个月，边远地区甚至时间更长。到20世纪中叶，电话和广播的普及大大改观了信息传递速度，

但仍局限在消息的传播范围。一些文字材料，特别是各类设计图案，仍然需要通过邮递花费很长时间才能到达目的地。

20世纪末，当电子技术进入通信领域后，尤其是信息产业的发展和网络技术的普及，使信息传递方式得以空前发展变化。

以电子计算机为主体的网络技术，把世界各地相互之间变为了零距离。这一事物的出现，真是验证了古人的一句话："秀才不出门，便知天下事。"

在这种高科技的时代里，任何一个企业的生产基地，无论设定在农村的哪个角落，都不会受到信息传递的影响。

（二）农村土地价廉面广

相比城市我国农村土地广袤，为开办企业预备了广阔发展的土地空间，这是企业挤在城市，特别是大城市无法可比的优势。

（三）乡村蕴藏着大批特色资源

历史以来，各地乡村蕴藏了大量的地方特色资源，为开办企业提供了特别的资源条件，包括木材产地、特色食品产地、矿业产地、渔业产地等。这些区域优势都会为企业落户乡村发挥其巨大的推动作用。

（四）农村富余劳动力将为企业用工提供有力保障

乡镇开办企业，劳动力资源丰富。

在中央发出城镇化建设伟大号召后，广大农民的积极性都已充分调动起来，并日益盼望城镇化建设能有重大突破性进展，时刻准备以全部身心投入这场改变自身命运的战斗。

（五）基层政府切盼迎接"企业战略转移"

经过改革开放30多年的锻炼，基层干部队伍素质大大提高，无论在观念上、能力上，还是文化水平上等综合素质已发生了根本变化，特别是从组织领导能力方面完全具备了推进城镇化建设的良好基础。一旦企业正规军参与城镇化建设，各级政府将为乡镇开办企业出台更多的优惠政策，加大支持力度，确保企业基地扩散顺利推进，为中国城镇化建设提供强有力的可靠保障。

（六）城市企业升级自然出现大批企业向乡镇转移

随着城市经济的快速发展，城市环境优化已提上重要议事日程。一些劳动密集型企业必然向外搬迁。这是社会发展带来企业基地位置的客观变化。

(七) 支持农村科技队伍发展的力量雄厚

全国强大的科技队伍，将怀着对改变中华民族历史进程的使命感，为投入城镇化建设的企业注入新的活力。

（1）大中城市企业中本身具有大批强势专家队伍，他们将随着企业转移而同时转移到新的环境，成为中心镇建设中企业发展的科技主力军。

（2）随着大中城市大批企业向乡（镇）转移，与大中城市紧密联系的国家科研院所的专业技术人员工作重心，在条件允许下，自然一同转入重点小城镇，成为企业发展中一支重要的科学技术支持力量。

（3）社会各领域的专家学者，在中共中央、国务院的伟大号召下，必然积极响应国家的号召，把自己的专业知识用到祖国和人民最需要的地方去，用到事业最需要的地方去。

(八) 金融部门将为企业转移参与城镇化建设推波助澜

《中共中央关于推进农村改革发展若干重大问题的决定》中指出："各类金融机构都要积极支持农村改革发展。"[1]

近些年，中国的金融家已从多方面做好了充分准备。他们充分相信农民的信誉，他们坚信农村的市场；他们看好乡村的巨大潜力；他们有信心操作好金融业在农村的投入；他们正在或已酝酿了一套造福农村的投资方案或模式。农村建镇发展企业将成为金融业 21 世纪全新投入的热土，成为银行最大的发展空间，成为金融家们理性开发的一片充满希望的处女地。

上述八大优势，决定了中国的城镇化建设已到了万事俱备，只欠东风的时候了。

四、国家政策导向和扶助为企业
投身城镇化推波助澜

历史进入 21 世纪以来，中央政府对我国农村的关爱态势，已为农村发展提供了一个前所未有的发展时机。

---

[1] 《中共中央关于推进农村改革发展若干重大问题的决定》，《人民日报》，2008 年 10 月 20 日。

（一）政府导向将赢得社会特别是企业的广泛参与

发动城镇化建设，是中共中央、国务院一项让全国人民欢欣鼓舞的重大战略决策。多年来，中共中央、国务院对农民问题的重视，对农村和农业问题的投入力度，特别是对解决农民生活实际困难所采取的诸多举措，以及从政策层面上为农业、农村、农民发展所作的重大支持，足以说明中央政府已把解决"三农"问题提到了国家宏观发展的战略高度。

政府导向是全国人民行动的指南。在我国的社会生活中，政府一项新的政策出台，对全社会将产生巨大的导向力量。

20世纪80年代，政府主导全国的经济体制改革并着力建设深圳特区，国内立即出现了"下海潮"和"深圳热"。

20世纪末，国家主导西部大开发，全国迅速出现大批企业家迎难而上，奔赴西部甩开膀子去创业。

在我国当代城镇化建设事业中，一旦政府主导企业转移农村搭建舞台，必然赢得广大企业家以及社会各界的广泛参与。

当今中国，无论是企业界还是其他社会各界人士，他们向来关注政府导向，响应政府导向。因为这种导向，是代表人民利益的导向，代表中华民族发展战略的导向。响应这种导向，是荣耀、更是责任！有幸赶上时机参与，都会感到自豪和骄傲！他们的参考和建议，将为城镇化建设创造出光辉灿烂的明天！

（二）政府投入使全国人民特别是企业家坚定了城镇化建设信心

改革开放以来，政府对农村的投入逐年都在加大，并向各个领域扩展。

尤其是近些年，中央政府为农村免除农业税，为农村计划生育人口建立奖励扶助制度，以及医保、各类粮农补贴，让农民感动，让世界友人震撼，让全国人民乃至世界华人欢欣鼓舞。

经过30多年的改革开放，我国已有了强大的物质基础。不仅中央财政具有雄厚的实力，而且地方财政也出现良好势头。这是城镇化建设最基础的保证。21世纪的今天发起城镇化建设，在经济上不会有太多的压力。

历史上，国家对城市的公共设施投入，除了对城市道路、办公场地、住房、医院、商店、学校等主体设施外，还对城市绿化、公园、剧院等配套设施给予了必要的投入。

在我国的农村城镇化建设中，建议国家为农村确立的重点小城镇增设与城市相等的公益配套设施投入。让重点小城镇的配套设施建设与城市的规格相接近，成为最适合人居的秀丽景观区，以吸引更多的企业转移重点小城镇发展。

（三）信贷和税率调控将成为企业转移的内在动力

信贷和税收，是国家宏观导向和调整社会事业发展方向的有效手段。采用信贷和税收调控手段，鼓励企业向乡镇转移，既体现了党和政府重视农村发展所采取的重大战略，又体现了政府对支农企业的体贴关怀。

在改革开放初期，我国政府科学地利用信贷和税收手段，对外商来华合资或独资开办企业实施免税或减税政策，有力地调动了外商来华投资建业的积极性，为我国的现代化建设引进了大批国外资金。

在解决我国农村发展动力的举措中，2006 年中央政府宣布全国免除农业税，不仅大大调动了农民的积极性，而且在国际上产生了重大影响。

近些年，全国各地在开发特殊产业中，利用税收杠杆为手段，发挥了十分有效的作用。

江苏省东海县为返乡农民工提供了 3 年免税加 5 年税额减半的优惠政策。截至 2008 年上半年，已有 2 万多农民工返乡创业，成立了 13000 多家农业、建筑材料、机械、硅加工等相关企业。[①]

综合运用财税杠杆，定向实行税收减免和费用补贴，引导更多信贷资金和社会资金投向农村，是中共中央、国务院支撑农村发展的重要手段。也将成为推动城镇化建设的强大动力。

的确，在农村城镇化建设这场伟大战役中，科学发挥财税和信贷的调控作用至关重要。

建议政府对参与战略转移落户乡村的企业和乡村新办的企业，实施相应时间的免税和适当时期的减税，从政策上确保转移到广大农村参与城镇化建设的企业获得良好效益。尤其是边远山区的企业，更需要政府给予特殊照顾，以确保落户乡村参与城镇化建设的企业健康发展。

五、外部环境有利于农村迎接企业实现战略转移

改革开放 30 多年来，国人就已深深感受到中国社会已步入了一个特殊变革时期。理由很简单，因为在中国，共产党想办的事还没有办不成的先例。

---

① 〔美〕约翰·奈斯比特、〔德〕多丽丝·奈斯比特：《中国大趋势》，吉林出版集团 2009 年版，第 172 页。

历史上任何一次大的变革，开始总是会有一些不同看法。中国农村的路子怎么走同样会有不同观点。但我们坚信提出康复农村"造血功能"的模式，是符合客观现实的，是一条必由之路。

在中共中央、国务院的高度重视和引导下，这一推进城乡和谐发展的变革，将使21世纪的中国发生举世瞩目的历史性变化，时代孕育的这场伟大变革已到千钧一发之际，多个方面的有利条件已为这场变革铺平了阔步前进的道路。思考当今中国的外部环境，也已到了解决农村问题的最佳时机。

（一）社会形成了高度统一认识的良好氛围

全国各阶层、社会各界对农村城镇化建设早已达成共识。在我国各大中城市居民中，无不希望农村尽快改变面貌。这些年，城市中不少人对农村贫困人口，特别是对农村学生和孩子的救助，足以说明城市中的人们早已希望农村与城市融为一体，早日见到城市和农村同步进入小康。

（二）国外经验为我国提供了很好启示

美国、日本、法国、德国、英国等农村发展的道路和现状，特别是韩国的新村运动，他们的决心，他们的方式，他们的投入，他们的速度等，都为我们农村城镇化建设提供了诸多启发和参考。虽然我们绝不可完全重复他们的模式，因为他们农村人口较少，而我们却是农村人口占多数的人口大国，但他们的决心和力度以及某些方法和措施值得我们借鉴。

（三）国际环境有利于我国彻底解决农村问题

60多年前，我国还是一个一穷二白的国家。60多年后的今天，中华民族却以繁荣昌盛的态势屹立于世界强国之林，在国际上树立了良好的形象。20世纪80年代以来，国际粮农组织、世界上一些公益事业组织已对我国过去的贫困乡村做了不少工作和提供了相应的援助。今天，国际上对我国城镇化建设十分支持和关注，国际友好组织和朋友都希望我国尽快消除农村最后的贫困层面，彻底改变落后乡村面貌，实现城乡一体化发展。

（四）世界华人将共同关注我国城镇化建设

随着中华民族国际地位的不断提升，广大华人无不感到扬眉吐气。目睹祖国展开城镇化建设，华人无不为之欢欣鼓舞。为了祖国，为了农民同胞，他们一定不惜在资金上、技术上、道义上伸出友谊援助之手，支持或参与中国的城镇化建设。为祖国尽快消灭城乡差别，创建更加富裕强大的民族而做出努力。

商人就是以商业为乐趣,企业就是以赢利为目的。哪里能使企业家获得最大效益,哪里就是他们的首选之地。何况广大企业家对解决农村问题还做好了道义和历史责任方面的充分准备。如果我们在广大农村为企业做好了一个十分优越的赢利模式,必然会引动千千万万企业落户乡村,这就等于国家拿钱在农村投资办起了千万家企业,为农民培植了永久性的"造血功能"机制,最终为农村发展找到了一条根本出路。

六、由地方政府营造六大优势
迎接"企业战略转移"

(1)实现经营生产条件与城市基本没有区别。

(2)经营管理由政府规范,做到没有相关部门干预企业经营。

(3)通过信贷和税收调控使企业经营效益不低于大中城市。

(4)实现生活环境与大中城市同样优越。

(5)发展空间比大中城市更为广阔。

(6)支持新农村建设有一份光荣。除了能获得相应效益,更重要的是在改变中国企业布局版图的伟大战役中贡献了自己一份力量,将是参与者人生中的骄傲和自豪。建议政府给转移乡村城镇化落户的企业颁发荣誉证书。

上述六大优势,将在"企业战略转移"中产生巨大的导向作用。

农村是中国真正的大后方。这个模式推开之后,预计可能只需 10 年左右,全国农村不仅不需要国家补助或"输血",也许全国重点小城镇的企业将成为国家的纳税大户。因为到那时,重点小城镇的企业可能已如繁星普及,农村除了需要极少数人从事农业外,农村绝大多数人都已转变成城镇和城市工人,自然他们都成为纳税人,这是真正意义上的减少农民。

到那时回头再看,人们都会深深感叹:这是党的英明,这是国策伟大,这是爱的转换,这是情的互动,今天全国支持乡村,明天乡村支撑全国。中央政府新的决策改变中国历史的进程,改变中国社会的发展方向,同时也是当代每一个中国人的重要社会价值体现!

七、"企业战略转移"建议
优先考虑"十个方面"

广大企业落户乡村,必然有个"先飞之雁"。在城市特别是大城市企业中，可以考虑领先推动十大类别的企业向乡镇转移：

（1）凡投资新建农产品加工企业，一律办在乡（镇）的地盘上。

（2）凡投资新建涉农企业，包括农用车和其他农用机械企业、农用化肥、农药以及其他农用物资企业，一律办在乡（镇）土地上。

（3）凡投资新建劳动密集型企业，不管属于哪类企业，一律办在乡（镇）土地上。

（4）创造条件，鼓励国内外投资在中国乡镇土地上兴办与农业相关或相近的各类企业。

（5）动员大中城市现有劳动密集型企业迁往乡（镇）落户，也为城市产业升级创造相应条件。

（6）动员大中城市现有涉农企业迁往乡（镇）落户。

（7）鼓励大中城市的其他企业去乡（镇）设立分厂，特别是开设零部件配套分厂。

（8）鼓励和支持乡（镇）选择当地特色资源，联合商人办企业。

（9）鼓励外出务工积累了部分资金和获得一定经营经验的农民工，特别是在城市已开办企业的当地农民回乡创业办企业。

（10）鼓励和邀请当地的华侨和原籍是本地、已在国内外经营大产业的商人回到故乡办企业。

全国十个方面的企业共同奋力于乡镇搭建舞台，将为我国城镇化建设开创出崭新的发展势头。

八、企业进行战略转移具有"八大优越性"

全国大中城市企业基地大转移，不仅是世界发展史上一个前所未有的奇迹，闪烁出时代最灿烂的光辉，同时还会传为人类社会生活中的永久性佳话。这一历史性巨变，将给中国社会发展带来八大优越性。

（一）给全国大中城市减压

近些年，广大农村剩余劳动力向城市转移，已给城市特别是北京、上海、广州等几座大城市的管理、环境、治安、就业、生活等诸多方面造成了一定的压力。虽然各大城市的政府部门积极努力解决了不少问题，但由于大批农民工涌入城市，使城市的人口超常规地猛增，大大超出了城市已有的承受能力。不少农民整家人搬入城市，甚至带上了七大姑八大姨，租几间小平房，整几个箱子和几个塑料蛇皮袋，找到工作的，没找到工作的，上班的，不上班的,全凑在一块,把屋子里挤得满满的,典型的流浪者生活。这些充斥在城市很多角落的乱象,让人深感遗憾。

北京朝阳区呼家楼院内的老式楼房中,曾经有一套房租给了一家打工户。这家人带上亲友8个人挤在两间不到30平方米的房屋里。成员中有卖肉的,有送货的,有打扫卫生的,有带小孩的,还有无业的。卖肉的深夜叮叮当当砍个不停,影响邻居休息,送货者穿个裤衩光着膀子大摇大摆走进走出,与国际大都市的居民形象形成了极大反差。

尤其每到就餐时间,所有成员全在屋里,一旦遇上开心事,敞开嗓门开怀大笑,如长江浪涛滚滚翻出门外,震撼半座大楼;一旦遇上矛盾,争吵声,骂架声更是一浪高过一浪,让周边邻里深感不满和无奈。

2009年10月31日北京电视台财经频道报道,小南庄的某社区内,一间67平方米的房子里住了十多名打工仔,多数是饭店员工,晚上下班很晚,回到屋里洗洗擦擦,楼下住户皆不得安宁。

这种状况在北京不少地方都存在,周边居民不得不思考或发问:农民工的这种转移方式,是解决农村问题的基本出路吗?他们能很快变成北京市民或其他城市的正式居民吗?

更有甚者,在家想入非非,进城失望而归。归前身无分文,临时拿个主意,怎么也得弄个路费,出手难免被人抓住。有的进城见人家花天酒地,心理极不平衡,干脆干上偷扒抢劫。这种状况严重扰乱了城市社会治安。

显然,既打乱了城市有序的生活,又无法解决农民的身份。虽然绝大部分农民务工人员来到城市遵纪守法,艰辛创业,勤奋劳动,为城市的建设做出了巨大的贡献,立下了不可磨灭的功绩,但他们仍然只是城市的建设者,很多条件和因素的局限使之很难转换身份成为城市居民,终究还是流动大军,到时叶落仍要归根。只有全国部分企业基地转移到了农村重点小城镇,才能实现既让农民就地安居乐业和劳动致富,又为大中城市减轻负担,使城市生活恢复正常秩序。

(二)给各级政府减压

自从2006年中共中央、国务院宣布在全国取消农业税以来,中央财政和各级政府逐年都在加大对农村的投入。各种补贴名目繁多,产业辅助不断增加,使广大农民进入了一个历史发展最受社会关注和政府恩惠的时期。

然而,因为我国幅员广大,农村人口众多,政府拿出了如此之大的财力支持农村发展,可还是满足不了9亿农民奔小康的客观需要。真可谓农村就像一片无底的海洋,任凭你将牛奶成批倒入却看不到太大的反应。由此,我们必须寻找新的发展道路，不能让政府长期承受如此沉重的负担。

企业向农村转移，健全农村的"造血功能"，广大农民工就地安居乐业，并拥有劳动致富的新型舞台，自然不再需要国家连年累月"奶娘式"的扶助，从根本上减轻政府肩上的沉重负担，使广大农民依靠自己的双手和勤劳，真正走上长久稳定的富裕生活道路。

（三）增强农村"造血功能"

城市大批企业基地向重点城镇转移，最核心的意义就在于直接增强农村的"造血功能"，托起一轮乡村太阳。

多年来，我国农村发展的主要困惑，就在于"造血功能"较弱，难以满足现代农村发展的需要。

从宏观上解决中国农村的问题，根本措施就在于设法使农村的"造血功能"康复，让广大农村通过自身的造血，达到一定的生活质量。这一方式的确立，将成为农村社会发展的永久性丰碑。

（四）实现农民安居乐业

人民安居乐业，是一个社会进步和谐的表现，也是国家繁荣昌盛的表现。在我国快速发展的今天，广大农民安居乐业，是全国人民的共同愿望，也是全党的殷切期望。

然而，今天城市只考虑了用工，与过去城市企业去乡村招工有着本质的区别。因此，农民工来到城市成为一支名副其实的流动大军。这种用工模式，农民工无论走入哪个城市，永远没有安定的心态。也可能企业觉得你不适合做这份工作今天就炒了你的鱿鱼，也可能自己觉得不合适这份工作，明天就跳了槽，根本无法稳定职业，更难融入城市。

而部分企业基地转移到重点小城镇，农民工实现就近就业，首先的优势就是离家较近，无论工作单位怎么变动，自己的家不会变动，永远有一个稳固的后方，一个永远属于自己的家，是有家可归的安全劳动者。避免了外出打工造成情感长期分离，家人难以照料，精神生活空虚，社会关系淡漠等诸多现实问题。

就凭这一点，企业战略转移这一抉择，将使亿万农民工由此得以安居乐业，开始全新的人生旅程，这是一个利国利民，功在千秋的创举，是一项划时代意义的事业。

（五）有利建立城乡协调发展体系

提出城乡协调发展，是党和政府的重大举措，也是全国人民共同的良好愿望。

然而，城乡协调不是一句简单的口号，其深刻内涵体现在经济的同步发展，人民生活水平的同步增长，人民综合素质的同步提高，城乡生态环境的同步优化等诸多方面。

实现这些内容的同步，首先是必须实现经济发展的同步。在现阶段广大农村的现实生活状况，要实现城乡经济同步发展，必须在广大农村创建经济快速增长的生产舞台。因此，部分企业转移到乡村镇为农村搭建经济运营的永久舞台，是加速农村发展、建设重点小城镇的关键举措，是打造和谐城乡的核心主体。在中华民族现代发展史上，企业的转移将在主导城乡和谐发展的史册上记下光辉的一页。

（六）提高全国人民的生活品位

根据近些年人们的生活状况分析，由于散居于广大乡村的亿万农民工同时涌入本来人口密集的大中城市，使城市出现了人口过于稠密、居住环境拥挤、交通不畅、社会治安混乱等诸多情况。

一旦部分企业往乡村转移，亿万农民工可以就近找到工作，以前外出打工所产生的一切困惑，包括夫妻情感分离、亲人离家的牵挂、在外居住环境的落差、漂泊生活的困难、子女教育的困惑等等，都会一扫而光，迎刃而解。当地就业必然有条件安居，使之过上正常家庭生活，提高广大农民的生活品质。与此同时，由于亿万农民工就地安置，使大中城市恢复正常生活秩序，大大减轻城市压力，生活环境同时得到良好改善，城市居民的生活质量自然也得到相应提高。这一必然变化，充分说明了企业向乡镇战略转移，在提高人民生活品质上，是一项双赢的战略。这一战略的实施，将给城乡上下乃至全国人民带来全新的生活气象。就凭这一点，充分体现了部分企业战略转移的重大现实意义和特殊的社会价值。

（七）降低社会生活成本

任何一个单位或一个地区乃至一个国家，人口大流动必然付出大成本，这是无法回避的客观事实。

20世纪80年代末，我国随着改革开放的大举推进，迅速出现的农民大军成批入城带来了社会生活中三大成本的快速攀升。

（1）政府管理成本的快速增长。主要表现在公安队伍的成倍增加，社会治安和民事纠纷的事故处理成本高出改革开放前五六十倍，甚至近百倍。

（2）工商、城管等一些职能部门的人员倍增，管理成本也快速增加。

（3）国家投入公共设施的成本猛增。为了缓解城市市区的交通压力，政府投入公交、道路改造包括铁路等基础设施建设的资金数量逐年都在增加。然而，这种昂贵的大投入其效果并不理想。城市人口的增长速度远远超出基础设施建设的速度。

这一切都与人口大流动直接相关。一旦企业战略转移解决人口大流动的弊端，国家的管理成本立刻会降低，城市生活也会步入正常的运营状态。

（八）提前实现城镇化建设目标

社会生活中，任何事物的发展都要依赖一定的条件。中国的城镇化建设也不例外，必须具备其发展的必要条件。这个必要条件就是在广大农村的土地上搭起亿万农民大军主战的舞台。只有把战场设在农村，在农村迅速拉开热火朝天的城镇化建设局面，才能真真实实快速解决几亿农民的实际问题。否则，难免延误城镇化建设大好时机，以致成为新世纪人民心中最强烈的遗憾。

综述表明，当前的首要任务应是抉择万个左右重点镇和号召企业战略转移，让千千万万的企业家积极投入建设城镇化这项伟大的事业中来，争分夺秒地推进这项事业，把我国的城镇化建设推向一个崭新的阶段。力争两年打基础，三年出成效，五六年大变样，十年左右实现中央殷切期望的中国农村城镇化建设目标。

第四章 "城市内优外特"模式

发挥好大中城市对农村的辐射带动作用，是中共中央、国务院的一项重大战略。

我们党领导下的社会主义中国，最大的优点就是国家可以出台政策调动全社会资源推动某项民生事业。汶川地震后不到两年重建一个新型县镇足以说明我国社会制度的优越性。

针对先进的城市和落后的农村有着千丝万缕的联系，我们有充足的理由探讨城市扶助农村的发展方式。"城市内优外特"模式，实施大城市探索突破区划限制，选择发展滞后省区创建"援助特区"，应是一个有益城乡协调发展的新型路径。

我国 30 多年的改革，最显著的成绩就在于全国人民共同建设新城市，使大中城市得以快速发展，基本达到了国际化先进水平。尤其是北京、上海、广州等一些特大城市，也是国际交流最多的几大窗口，其博大精深和浩瀚宏伟所显示出来的现代化气势，深受世界各国人民叹服。

我国城市的快速发展，对改变旧中国闭关自守形成的落后面貌，对提高中华民族的国际地位，起到了至关重要的历史性作用，这是每一个中华儿女的骄傲。然而，由于城市发展向来没有规模标准，这些年，各个城市都在竭力整合社会资源，大刀阔斧地向外拓展，短短 30 年间，绝大多数城市的区域面积都扩展到原有面积 10 倍左右，多的已过 20 倍。

我国的地级以上城市，尤其是东、南方和一些发达地区的地级以上城市，其地域面积基本都达到了一定规模。从目前各地大中城市发展的情况看，其城市交通堵塞和房价高涨给城市居民生活带来的压力和问题都普遍存在，迫切需要从战略上做出调整，以缓解矛盾的继续恶化。

一、遵循自然规律，城市发展规划应有参照标准

城市肯定应有规模面积界线，不可能无终止地向外扩张。

当城市的城区面积发展到给人们生活带来困惑的时候，客观上已要求我们理性地寻找新的发展思路了。

但城市到底以多大规模面积合适，其依据是什么？目前，北京国际城市

研究院连玉明院长提出，当城市规模在 100 万～400 万人口时，城市规模的净收益为最大值。但迄今为止尚未见到其他定论式说法，有待专业研究部门做出探讨。

（1）任何事物的发展，都会具有自身的客观规律，一旦超越自身规律肯定就会出现问题。如小轿车为什么设计 3 米长 2 米宽左右，是因为这种规格方便快捷，适合三五个人活动使用。如果再大一倍就失去这种工具的优点和特征了。家庭每间住房为什么设计空间高度 2.8 米左右，每间住房面积 15～20 平方米左右，如果每间住房设计 6～10 米高的空间，100 多平方米大的面积，冬天取暖、夏天降温以及环境卫生都会成问题，生活也不方便。大公交为什么长度一般 10 米左右，交通拥挤干吗不设计 50～100 米长的大公交车？是因为超出一定的长度，反而行驶缓慢，占路面大更容易堵塞交通，等等。

城市发展也不例外，也有其自身的内在规律，这个规律对城市的规模大小、人口密度、运行机制、功能要素等起着直接的制约作用。

（2）当城市发展规模的无限扩大影响到正常的交通秩序，过多占用市民上下班乘车时间，以及造成市民生活成本增高，导致生活压力加大、生活质量下降的时候，这个城市的发展方向就应该尽快考虑做出调整了，千万不能等到城区面积大到出现交通难以正常进行甚至严重影响人们生活工作时再来采取措施，那时将给城市生活运行造成巨大损失，给市民造成更大的生活压力。

（3）可以肯定，城市与小轿车、大客车、个人住房等都一样，绝对不会是越大越好。我国的城市快速发展，主要在近 20 多年间。过去关于城市的发展没有积累太多的经验。因此，任何一个城市处在什么位置，周边环境如何，对城市的发展方向如何定位，城区面积多大合适等等，基本都处在探索阶段。一旦出现难以定论的问题，建议政府应适时组织相关专家研讨，避免造成历史性遗憾。这是一件向历史负责、向社会负责、向人民负责、向国家和民族负责的功在千秋的大事。

评价一座城市是否具有魅力，无疑涉及诸多要素，其主要方面包括：

人口密度适当，道路行车通畅；

经济稳步增长，环境整洁优美；

空气质量为优，生活舒适方便；

居民素质文明，社会秩序良好。

这些基本要素，对每一个生活在城市里的人都是至关重要的。任何一座城市只要能达到这些基本要素，这座城市的居民就能享受高质量的生活。如果城市发展到一定规模，即将影响到基本要素的状况时，客观上必然要求寻找新的发展思路。

我们应该用"人的城镇化"思想来探讨城市的规模，更不应是以大为荣，而是需要以城市生活和谐运转为耀。

二、"城市内优外特"的重点是
跨区域创建"援助特区"

目前，我国大中城市，特别是北京、上海、广州等几个特大城市，由于具有特殊的区域优势和政治、经济、文化、环境等诸多优势，国内外一些实力雄厚的商家基本都落户在这些大城市。但由于大中城市现有城区的局限，使这些城市出现资源过剩，具有释放生产能力的强烈要求，因此，在发展中必然要从战略上寻找新的突破口。向外跨越区域创建"援助特区"，应该是现代城市发展中一个有效的创新发展模式。笔者对城市发展"援助特区"提出两条建议。

（一）建议远距离寻找发展空间

为充分体现出现代大中城市的发展优势和对城镇化建设的推动作用，特别是在贯彻中央关于"以城带乡"、"城乡统筹"的重大决策中探索出新的实施机制，我们在寻找大中城市的发展空间时，可采取突破现有行政区划体制局限，选择远距离经济发展相对滞后的区域，特别是西部地区，作为城市跨越发展"援助特区"。

从长远角度看，也应该寻找远距离空间，如果向外发展的地域离大城市太近，经过多年发展后，容易造成与大城市连接，一旦近距离特区与大城市连片，那会出现更糟糕的局面。

（二）建议设定"援助特区"面积

建议城市在选择发展"援助特区"时，可以县或地区为"援助特区"区域。大中城市根据各自城市的资源优势和管理运营能力，可确立几个县或一个地区作为跨越发展"援助特区"。

这里我们首先需要在观念上达成一致。在中华人民共和国960万平方公里的土地上，只有行政区划的界线，没有发展本质上的界线，我们每一个人都是中华人民共和国的公民，每一寸土地都是中华人民共和国的国土，各省的资源也一样，既是地方资源，也是国家的资源。因此，在经济发展上出现了滞后地区，我们的先进地区有责任和义务伸出援助之手，这是社会主义国家的优越性所在，是国家统一，社会和谐发展的重要体现。没有先例可以创造先例，没有经验可以探索经验。

三、先进城市与经济滞后地区优势互补实现双赢

由于地域原因和历史原因，我国的城市发展已基本与发达国家相接近。而我国的偏远地区，特别是一些偏远山区与先进城市相比却存在较大的差距。

(一) 经济滞后地区的现状

客观地分析边远地区，普遍存在的问题主要表现在：

(1) 经济滞后地区一般在交通、电力、通信等基础设施方面发展比较缓慢。近些年，由于国家加大了对滞后地区的投入，虽然基础设施得到了较大改善，但相对先进的城市仍有一定距离。

(2) 人们的观念相对先进城市也存在一定差距。

(3) 科技人才相对先进城市也显现欠缺。

(4) 发展经济缺少发展资金来源和后劲。

(5) 生产手段比较传统，其产品在市场经济中缺乏竞争优势。

(二) 先进城市的优势

改革开放30多年来，在中共中央、国务院的正确领导下，我国的城市，特别是大中城市在改革浪潮的推动下得到了快速的发展。目前城市的优势突出表现在六个方面：

(1) 聚集了丰富的社会资源。近些年，全国乃至全球的很多优秀企业家在我国改革开放的大政策吸引下，基本都落户在我国大中城市，使城市赢得了快速发展的强大后劲。

(2) 大中城市的地理优势使国家的一、二等高级学府和科研院所基本集中在这些城市，大批科研专家和学者为城市的发展提供了强大的科技力量支撑。

(3) 由于历史的原因和社会的投入，城市的基础设施基本达到了国际先进水平，尤其是大中城市的基础设施建设已接近世界发达国家的水平。

(4) 城市拥有先进管理手段。由于城市的地域优势和国际交流优势，以及信息传递优势，使得当今城市，特别是大中城市获得了国际最先进的管理手段。

（5）城市居民拥有先进的思想观念。由于城市特别是大中城市居民能够在第一时间获得国内国际最前沿的信息，所以，城市居民的思想观念比较先进。

（6）城市社会的管理者由于具有与外界交往特别是与国际交往的优势，使得他们的社会阅历和见识以及思考问题的方式比较超前，这一优势对管理社会具有十分积极的意义。

（三）先进城市和经济滞后地区相融形成优势互补

近些年来，中共中央、国务院特别重视先进城市对滞后地区的支持和带动作用。从双方的客观现实分析，先进城市和经济滞后地区有着天然的相融基础和互补优势。

（1）城市的六大优势正是我国滞后地区多年困惑和所需求的社会资源。

（2）城市的快速发展已使有限面积的城区出现了资源过剩，需要寻找新的发展空间。

（3）滞后地区虽然缺少发展动力，但却具有相当的待开发资源，包括矿产资源、地方特产资源、特色旅游资源等。这些资源优势，需要寻找合作开发伙伴。

（4）在国家的宏观政策指导下，通过双方政府的相互协调和友好协商，确定城市发展"援助特区"，充分发挥城市资源优势对外辐射的特殊作用，在拓展先进城市发展空间和支持滞后地区快速发展方面将起到巨大的推动作用，是贯彻落实中共中央、国务院关于"城乡统筹"、"以城带乡"重大决策的重要举措，具有划时代的特殊意义。

四、"援助特区"的管理方式

为有利于工作，根据参与城市和当地省委、省政府双方的意愿，在管理上可考虑两种方式。

（一）联合管理方式

（1）参与城市与当地省委、省政府合作，共同创建"援助特区"，并建立"援助特区"联合经营管理机构。其"援助特区"的人、财、物等一切事宜，由"特区"参与城市和当地省委、省政府共商制订出管理办法。

（2）原则上共同开发，利益共享。

（3）参与城市主要提供技术装备、开发资金、发展战略、管理模式、科技人才、管理人才，以及相应的领导人才。

（4）当地政府主要提供土地资源、基础设施、人力资源、水利资源以及能源和社会保障体系，给予支持和配合。

（5）根据双方协调达成一致意见后，形成正式决议。以实现参与城市资源得到有效疏导和科学利用；滞后地区赢得发展机遇，双方共同努力，快速改变滞后地区面貌。

（6）建议经营"援助特区"应有相对合适的年限。为确保"援助特区"在参与城市的帮助下，迅速改变面貌，并稳定向前发展，城市"援助特区"的年限，可考虑签订20年以上，并更名为某市某特区。假设北京市与甘肃省商定将甘肃的定西地区确定为北京市跨越发展"援助特区"，可更名为"北京市定西特区"。20年后根据双方意愿可续签，也可更换新的"援助特区"地域，以便于城市资源的良性运营。

（二）单一管理方式

这种模式完全由参与城市单方管理。

（1）"援助特区"年限可参照第一种模式实施。

（2）交接手续签订后，"援助特区"的人、财、物等事宜应与当地政府脱钩，全由"援助特区"的参与城市负责管理。

（3）建议参与城市在调动财力、物力、人力发展"援助特区"经济的同时，特别应挑选大批优秀干部，尤其是优秀管理干部派往"援助特区"工作。

（4）建议参与城市在号召企业和商界投入"援助特区"建设的同时，还应从医疗部门、教育等部门，尤其是科技部门动员和选择优秀人才支持"援助特区"建设。

（5）"援助特区"参与城市，可在资金、技术、装备、管理、策划等方面作全面统筹安排。当地政府应提供资源、能源、人力、基础设施、社会保障等，以确保大城市资源得到科学利用，为"援助特区"赢得可贵的发展机遇。

总之，大中城市和经济滞后地区在中共中央、国务院的政策指导下，在双方共商的基础上，不管采取哪种方式发展"援助特区"，建议应把跨越发展"援助特区"的区域完全当作参与城市的一部分来经营。利用城市的诸多优势改变"援助特区"面貌，以"援助特区"模式调动城市可能调动的资源优势，实实在在为城镇化建设探索一条切实可行的城乡统筹之路。

五、大中城市实行双向发展战略的 八个显著优点

由于拥挤的城市找到了释放生产能量的广阔空间，经济滞后地区赢得了

千载难逢的发展机遇，自然会形成城乡协调发展的绝对优势，显示出双向发展的显著优点。

（一）为城市找到了新的发展方向

首先解决了城市"摊煎饼"式扩展的单一发展模式，创新了城市长远发展的广阔空间。为大中城市，特别是特大城市解除了发展中的困惑。我们可以肯定，任何一座城市，停止向外扩展只是迟早的事，因为当扩展到没有地方可扩的时候总会要画个句号。但世界上凡是通过人去做的事都应该根据有利于人类自身生存发展的需要而受到人的调控。

由此城市的规模必须应用科学发展观进行指导，充分考虑以人为本的根本要素。人的时间利用、人的生活质量、人的生活成本、人的有效生命价值体现，是城市发展必须考虑的核心问题。城市发展以适合为优，适可而止，这是社会管理者的重要责任。

（二）避免市内交通问题恶化

城市有了新的扩展空间，可以停止或放慢城边的再扩张，避免市内交通新增负荷和压力。

决定城市马路车流量密度的因素很多，如商贸活动发达的城区，车流量自然增多；经济富裕的城区，居民普遍购有私家车；国家机关集中的城区，公配轿车必然数量多。

再说房屋建筑间隔距离稀密、楼层高低都对人口密度有着直接关系。人口稠密度又与同等城区面积的车辆数有着直接关系。还有一个更重要的因素，那就是城区面积，在房屋建筑距离和楼层高低相等的情况下，城区面积扩大一倍，就意味着容纳人口的能力增加了一倍，马路上的车流量就会同样增加许多。

由此可见，在现代化城市条件下，城区面积越大，车流量就会越密，所以无限扩大城区范围，是造成城市公共资源紧张、环境难以优化、交通堵塞的主要原因之一。城市跨越式发展，完全克服了这一弊端。

（三）城市的跨越式发展对城市本身的环境就是优化

特别是大城市实施发展战略转移，少在城市扩张一圈，城市就多一圈绿色，少一圈污染源，市民就与大自然走近一步，市内就增加一份优化空气质量的有利条件。

统筹城乡产业发展，引导城市资金、技术、人才、管理等生产要素向农村流动,应是城市实施"援助特区"战略,推进城乡协调发展的有效方式。

城市周边的地段改变营造成绿色景区或特色田园风光,就等于为广大市民创造了一片舒心洁肺的大氧吧,并实实在在为广大市民长期降低了节假日远距离接触大自然的出行成本,真是功在千秋的大好事。

(四)从长远看大中城市双向发展将是必由之路

当社会发展到一定的文明程度,人类自然就会严格要求一切社会活动和生活环境以有利于社会和谐和人类自身健康为前提。所以,城市内部优化和跨越式发展应该是大中城市长远发展的方向。人类历史进入一个高度文明的社会状态后,城市为了充分发展自身成为最适合人居、最具魅力的环境,必然要适当控制城市发展规模,到那时就不会轻易去扩大城区面积而加重自身运转的负荷量了。

其次,也可换位思考。假设城市如同温州,三面环山,一面临海,上苍已注定地盘面积,再假设城市就是个小小"国家",四周都是邻国土地等等,那么同样要发展,其发展到一定时候,当生产力资源出现过剩,必须寻找新的出路。

跳出本土,跨越到外埠寻找发展空间,应该是一条行之有效的发展道路,是一项充分发挥资源效应的重要战略。如今的温州,大批老板早已转移到全国各地开辟战场,甚至远渡重洋,去国外发展,只是没有以政府名义统一选择一个区域罢了。

(五)目前城市内部优化发展潜力巨大

从我国大中城市的发展现状看,涉及城区道路优化,交通管理优化、城市环境优化、城区房屋改建、市民的生活质量优化、企业宏观管理优化、行政管理优化、公共服务优化等等,仍有很大潜力可挖。实现城市基础设施好、市民素质高、服务质量好、办事效率高、经营秩序好、产出效益佳、生活环境美、社会风气良的城市新面貌,还须做出巨大的努力。

城市发展重心调整,推行跨越发展"援助特区",对优化城市结构、提升城市品位、降低市民生活成本、实现城市良性发展,必将起到十分重要的作用。

(六)免除了市民的后顾之忧

近些年,在与北京市民的交谈中,深深感到市民们对北京城市的过大外扩担忧甚多。因为城市扩大1平方公里,就要增加一批人居住,同时也就增加一批轿车在市内的马路上行使。

北京市扩大一圈，就给市区再增加一次车流量密度。早在 2003 年，《北京晚报》就发表文章《小心汽车城成了停车城》。如果不改变发展方向，再过八年十年，"停车城"的说法恐怕在北京的上下班时间段真会变为现实。

尽管近年来加大了地铁建设，但城铁便利也不能通往各个单位门口，还得与路面接轨。由此带来的个人出行成本问题、有效生命时间浪费问题等都会更加严峻。

因此，一旦能把城市扩张计划转向外区，不仅将为城市居民生活减轻相应的压力，而且也为政府优化城市管理和优化城区环境增加诸多有利因素。

（七）城市"援助特区"是"以城带乡"的重大突破

城市"特区"模式，重点辅助经济发展滞后的农村，创建和实践了我国"城乡统筹，以城带乡"的操作机制。

可以肯定，全国被选"援助特区"将获得一次千载难逢的发展机会，并成为 21 世纪我国城镇化建设中的一个显著亮点。这一社会经营模式创新，将对"援助特区"的发展起到巨大的推动作用。同时，将在中华民族的发展史上留下深深的印记，甚至为世界各国大中城市的发展提供有力参考。

（八）给相对落后的区域带去经济发展的强大动力

这一社会经营模式创新，将从根本上解决我国经济发展受到行政区划制约的问题，从而克服城市发展空间狭小的屏障，使城市充足的资源得到更有效的利用和发挥。

同时又为落后的乡村赢得了强大的发展动力，将对中国城镇化建设起到重要的实质性推进作用，充分体现出社会主义国家在调整社会资源能量方面的巨大优势。

六、北京、上海、广州等特大型城市已具备的绝对优势能引领中国城市实现"援助特区"战略

从全国特大城市现有资源状况分析，预计北京、上海、广州等特大城市都拥有引领 50 个左右贫困县快速发展的能力！

根据近些年北京、上海、广州等特大城市的发展状况预测，无论从领导能力上，还是资源配置上，每个特大型城市跨越式发展 50 个左右县级"援助特区"应该是可以办得到的。

（一）北京、上海、广州等特大型城市具有太多的特殊性

这里以北京为例作个分析。

在我国的所有城市中，唯有北京不同于任何一座城市。

其一北京是中共中央、国务院的所在地；

其二是中央各部委的所在地；

其三是中央各大媒体所在地；

其四是国家各大科研机构所在地；

其五是中央各大企业总部所在地；

其六是拥有国家数十所高等学府；

其七是国内各省市大批已有相当积蓄的人士汇聚北京；

其八是世界各国大批商家看好北京的发展潜力；

其九是北京已有了强大的产业群；

其十是高层专家聚居北京。

北京的十大特殊性或优势，决定了这座城市承担了特殊的社会责任，同时也具备了特殊的社会资源。

正因为如此，北京的发展很有必要考虑北京的特殊地位。抛开行政区划的局限，北京就是中国的北京，和全国各地紧密相连。北京对外就是代表中国面对国际；而对内与全国各地既是兄弟般关系，又是居于引领地位。首都的一举一动，都是全国各地效仿的榜样。所以，在 21 世纪中华民族发起推进城镇化建设的伟大盛举中，北京完全有能力有条件担负起领航地位，率先举起中国城市跨越式发展"援助特区"的旗帜，为全国城市发展方向实践全新模式。这也是制度创新的重大突破，为中共中央、国务院提出的中国城镇化建设开辟了一项全新的操作模式，并创立出我国城乡协调发展的有效运行机制。

（二）北京、上海、广州等特大型城市为国家培养了大批各类人才

改革开放 30 多年来，全国各大城市根据各行各业的需要培养积蓄了大批优秀干部，特别是大批优秀领导干部。尤其是北京这座国际大都市的干部，他们长年在中国这个最大的国际窗口环境中摸爬滚打，接受改革开放最前沿的信息，交往国内外社会各界朋友和知名企业家，获得了丰富的社会管理经验。近些年，首都经济的快速发展，也离不开他们每一位的参与付出的汗水和心血。

长时间的炉火炼出的真金，使北京的干部几乎人人都是特长干部，都是富于创新的优秀管理者和领导者。他们是北京的人才，也是国家的人才，把他们选调到祖国今天最需要的地方去，是一项顺应时代极具国际影响的重要举措和战略决策。

他们一旦有机会从首都奔赴边远地区，凭他们的水平和能力，凭他们在北京长期工作积累的经验，很快就会引导当地群众步入快速发展道路，为中国 21 世纪的城镇化建设建立汗马功劳；同时，也会充分地体现出他们最高境界的人生价值。

（三）北京、上海、广州等特大型城市拥有雄厚的财力基础

以北京为例，近些年北京的快速发展是众所周知的。据北京市政府新闻办公室的资料显示，早在 2006 年，北京经济就实现总产值 7720.3 亿元，比上年增长 12％，连续 8 年实现两位数增长。人均 GDP 达到 49505 元，财政收入 1117.2 亿元。[①]

与此同时，北京的建设投入之大，也是有目共睹的。

可以说北京每年只要从某个领域压缩一点儿，就相当于或超过 1 个边远县全年财政收入的总和。比如说很多边远山区单个贫困县每年财政总收入还不足 5000 万元，而北京市交通领域每年的投入就达几百亿元。

北京在任何一个投入领域稍微挤一挤，就可给一个贫困县的发展产生巨大的推动力量。就北京近些年汇集的资源能量而言，除了稳定北京自身的发展需要外，北京完全有能力拉动一批贫困县发生根本性变化。可是，这么大的城市向外扩大一圈环线的地域面积，将需要巨大的投入。如果北京在相对时间内保持稳定的六环面积，把本市周边扩展转为市内结构优化，不仅能使北京得到周边的生态环境更好的匹配，且能巩固大城周边绿色覆盖率，并以其调剂市区空气质量，更会加快创建最佳国际大都市的步伐。与此同时，还能拿出适当的资源远距离发展"援助特区"，开辟出一条投资建业的新通道，形成"以城带乡"、"城乡统筹"的伟大创举。如果北京、上海、广州、重庆、武汉等全国一些特大城市都能适当调整本市向城区周边拓展的速度，实施远距离发展"援助特区"，采取跨区域共同开发、利益共享的原则，就有可能调动几千亿元甚至上万亿元的资金换位投入，完全有可能形成推进大半个中国的县乡发展动力。全国现有 2000 多个县市，倘若从中挑选出约 1/3 需要扶助的县市，每年使每个县市都有可能获得几亿元甚至更多的资金扶助，在这些县市的乡镇办起多个解决农民工就地就业

---

① 北京市政府新闻办公室：《北京概况》，五洲传播出版社 2007 年版，第 14—18 页。

的新型企业,即可使众多农民工结束长期外出的打工生活,为我国城乡协调发展做出巨大的历史性贡献!

作为大城市发展到今天,少向外扩展一圈,就等于少一份压力,多一份优化。把目光转向远距离发展,既为国家分忧,又为现有资源最优结构配置找到了有效模式。这一创新发展模式,具有十分重要的现实意义,希望能得到大中城市的高度重视。

(四)北京、上海、广州等特大型城市已有庞大的企业队伍

这些年,北京、上海、广州等大城市都汇聚了全国乃至世界太多的优秀企业家。他们中多数人在北京、上海、广州等大城市已发展了比较成熟的产业。动员他们去"援助特区"设点或办分厂,是一股巨大的产业拓展力量。

这些成熟企业发展到一定阶段,凭着他们的产业优势和经营优势,即使没有国家的号召,他们自己也会自发地向外拓展和延伸,寻找新的发展空间。如果有政府引导,完全可以形成团队力量,对"援助特区"的产业发展以至我国的城镇化建设起到至关重要的推动作用。

(五)北京、上海、广州等特大型城市具备了科技人才的绝对优势

以北京为例,由于北京科技院校和科研单位较多,拥有雄厚的科研力量和强有力的科技人才队伍。北京一旦拥有自己的外埠发展空间,只要政府一声令下,并给外派科技人员制订一个充满希望的激励机制,大批科技人员自然就会积极响应,在政府的直接引导下奔赴目的地,凭着他们的群体智慧和专长,为"援助特区"托起一片科技蓝天。

(六)北京、上海、广州等特大型城市其主要领导也是全国的领导

以北京为例,北京在全国所处地位的特殊性,决定了北京市的主要领导本身就是全国的领导。他们中有中共中央政治局委员,有中央委员和全国人大常委会委员、全国政协委员等,领导人数也较多。因此,北京市的领导肩负着双重责任,既要办好北京的事,也要考虑和支持全国的事业。尤其是21世纪中国城镇化建设这样划时代意义的伟大事业,全民族都为之振奋的事业,北京更是责无旁贷。全国的事情办好了,同样也有北京、上海、广州等各大城市的一份功劳。

特别提示:北京、上海、广州的这些绝对优势,在天津,在重庆,在一些大中城市都会不同程度地拥有或存在,这是当代中国城镇化建设不可

忽视的重大资源和力量。建议国家给予高度重视，并充分发挥其历史性作用！

据相关资料表明，截至 2014 年 3 月，全国百万人口以上的大城市已达 142 座，其中 1000 万人口以上的城市有 6 座。这些大中城市如果都能实施"援助特区"战略，无疑将对加速我国城镇化建设的步伐起到无可估量的巨大推动作用。

第五章 "扬弃式现代农业"模式

我国的农业，到了迫切需要进行改革的关键时候了！

一个号称拥有 9 亿农民的农业大国，却吃起了相当比例的进口粮食，尤其是拥有 9 亿农民却让国民吃着担心不安全甚至有毒的食品，不能不发人深省。

中央农村工作领导小组办公室主任陈锡文在一篇序言中论述道：

> 农业功能被单一化，产业发展被限定在一个狭小的范畴内，导致农业产业体系步履维艰。拓出农业的丰富内涵，把特色产业、生物质产业、生态产业、旅游休闲产业、农业文化产业等新的产业形态纳入了农业产业的范畴。这为现代大农业产业体系的构造提供了强大的理论支撑……农产品通过加工转化，将实现几倍，几十倍甚至几百倍的增值。[1]

我国农业在电子技术时代和信息技术时代科技东风的强力推动下，短短 30 多年间，已完成了历史上用一个世纪也难以跨越的路程。粮食亩产超千斤，农副产品市场极大丰富，耕田不用牛，收割不用人，农家用电器，农民使手机，坐在电脑前，能知天下事等等。这在 50 年前还只是人们传说的神话。尤其是西方发达国家，农业领域不仅早就实现了电气化，而且已超前进入了生物技术和遥感技术的应用领域。科学技术的快速发展，把全球农业带入了一个激烈竞争的时代。因历史原因，面对现代农业全球化的格局，我们在前进中遇到的困惑已危及农业生产的后劲。

一、我国农业主要面临的"六大"任务

21 世纪以来，生物、化学、物理、气象、地理等多类学科接连不断地推出大批科技成果，并广泛应用于农业领域，有力地推动了农业耕作方式的快速变化。

国际农业领域出现的许多新情况，特别是以美国为代表的发达国家，包括英国、德国、以色列、日本等一些国家的现代农业，已进入了一个十分强势的发展状态，给各国农业带来了巨大的竞争压力。

---

① 陈锡文：《研究农业多功能性问题意义重大》，《人民日报》，2007 年 6 月 29 日。

(一) 生命健康要求亟须创建农民负责任的产业机制

农业！本是养命的产业。

务农！本是高尚的职业。

可是在现实中，我国农民却成了低等公民，务农成了低等职业，农业也当成随便对待的产业，以致形成老、弱、病、残承担养命产业的异常现状。改变这种状况，需要从产业机制上进行改革创新，重点通过三个方面调整，建立一套完善的科学生产经营体制。

1. 充分认识农业是承担维系人类生命和健康的特殊产业

农业承担的特殊责任，决定了其地位应高于其他产业。道理很简单，生命高于一切！

每个人的生命都只有一次，能延年益寿，比什么都重要。现在身边的许多人，上桌吃饭就发愁，不知道吃什么才安全，也不知健康食品去哪儿买，每个月伙食费仅千元左右，有条件的每个月吃保健品却花去几千元，甚至更多，很多人已到了不吃药不能生活的状况。

其实这是一个重大误区，有句古话叫："是药三分毒。"如果我们能吃到健康放心的食品，那就大可不必用药物来调理健康了。

由此，我们必须真正重视农业，首先从观念上要认识农业的特殊地位。

"衣食父母"不被视为"下等公民"！今日的农民，只有被全社会视为高尚职业，特别是从待遇上制定出充分体现高尚职业的政策及保障机制，才会有大批优秀人才去从事农业，从而改变农业现状。

2. 提高农业的地位关键在于提高从事农业人群的待遇

我们应该明确，所有的食品，包括动植物都是生命体。健康生命体的形成过程是离不开大自然这个母体的。棚养棚种和农药、化肥、添加剂种养培植的食品其生命体形成的过程因没有遵循大自然哺育的规律，所以其质量与纯天然食品比，总会存在不同程度的差距。

如要吃得安全营养，必须农业回归自然。而回归自然种植养殖业，其种植成本和管理方式完全不同于棚养棚种和农药、化肥、添加剂培植出来的食品。

由此，天然产品价值一定要体现在价格上，让生产者获得对等的劳动报酬，这是核心问题，也是根本问题。

3. "万镇"为提升农业地位创建相对应机制

全国挑选"万镇"，几乎都是具有开发农业特产潜力的地域。每个镇只拥有 1~2 个优质特产，全国将打造出几万个特产。

通过市场机制，推动特产销售，提升特产效益。

与此同时，通过产销连锁方式，建立起"万镇"特产的生产经营、监管体系，切实保证其产品质量，让"万镇"为全国人民开创优质安全食品源，真正实现通过新型城镇化为现代农业建立起最良好的发展机制，为国民健康提供最可靠的保障。

（二）加快种养殖业科技创新，提高产能效益

近年来，科技创新对推进现代农业发展已发挥了极其重大的作用。农业科技创新，自然而然地成为推动现代农业向前发展的基本动力和有力杠杆，在我国农业现代化建设中有着举足轻重的地位和十分重要的意义。

在现实生活中，农产品市场的激烈竞争，实质就是科技竞争，农业产品的科技含量高低，直接表现为市场价值的优劣。

改革开放30多年来，广大农村伴随着现代科技的发展应用，传统的耕作方式有了较大改进。但由于受诸多因素的制约，现代农业的科技创新几乎还处在摸索阶段，存在着巨大的发展潜力和广阔空间，迫切需要我们从战略上采取相应举措，以推进这项工作的更快发展。

现代农业是一个十分复杂的系统工程，其科技创新涉及面广，关系到种植、养殖业中的主要领域有：土壤改造、优化品种、栽培方式、灌溉条件、培育管理、化肥农药、病虫防治、产品加工、储藏手段、产品包装、农机设备、运输环节、市场拓展，以及生物技术应用、信息技术开发、节水灌溉技术、食品安全控制、无土栽培技术、养殖品种培育、饲料品质优化、养殖技术创新、优化产品质量等20多个方面。

如何组织专家及科技力量，针对基本范围中每个方面开展科技创新，是时代赋予我们的战略任务。

与此同时，地方特殊资源的开发，也是现代农业和城镇化中一项不可忽视的大事。现在不少地方仍存在一个令人遗憾的状况，即主产木材的森林之乡却没有办起知名家具厂，生猪喂养大省却没有猪肉加工品牌上市，主产棉花的地区却没有棉制品名牌用品，主产皮革之乡却没有名牌皮鞋企业等等。

中国地域辽阔，广袤的国土上蕴藏了许许多多的地域特产优势，如何开发这些优势，是城镇化建设中一项振兴区域经济的重要任务。

（三）严格实施《中华人民共和国食品安全法》，下大力气解决食品质量安全问题

近些年，食品安全问题给人类的威胁，已到了让人感到恐慌的地步，解

决这一问题已成为全社会共同关注的大事。

1. 食品安全问题的来源主要在于"三个方面"

一是植物类食品的农药残留。突出表现在蔬菜、谷物、水果等食品之中，农民在种植这些产品时，为了防治病虫害，一般都会大量使用化肥、农药。这些农药残留在农作物中进入人体，直接侵害人的健康。

二是超量和不当使用食物添加剂，包括食物香精、色素、调味剂等，在人们不知晓的情况下，食物带着毒素进入到人们体内，危害人们身体健康。

三是超标使用饲料添加剂，这些饲料进入动物体内无法一次性转换而残留动物体内，人们食用肉类食品添加剂后，肉类带着残留的毒素进入人体，必然伤害人们的健康。

2. 专家是解决食品安全问题的基本力量

从客观角度分析，切断食品毒素的来源，基本在于相关专家的努力。离开专家的科研工作，食品安全问题就难以得到控制。

一是农药化肥留在植物中的毒素，只能通过专家新的科研成果才能解除。要么研究一种无残留植物的农药化肥，要么研究一种不需使用农药化肥的抗体植物，或者还有其他方式，都需要专家的进一步研究。

二是解决超量添加剂生产饲料的配方，只能通过专家之手才能办到。业内专家通过专业知识，切实把好添加剂用于饲料的配比关，同时严格控制有害添加剂用于饲料配方，确保养殖业饲料的安全性。

三是检测专家以对人民健康高度负责的精神，严格把好各类食品安全标准检测关，做好各个环节的食品安全检测工作。

3. 严格落实《中华人民共和国食品安全法》

《中华人民共和国食品安全法》（简称《食品安全法》）是一部保护人们身体健康安全的根本大法。这部法律的推出，倾注了全国人大和国家职能部门以及社会各界的诸多心血，对解决食品安全问题有着十分重大的意义。当务之急，要做好以下五件事。

一要通过相关方式加大对《食品安全法》的宣传力度，帮助广大消费者提高食品安全意识，同时，帮助广大生产者强化安全责任。

二要强化食品安全执法队伍，特别是应建立一支常规的巡查检测队伍，加强对食品生产企业的日常巡视和检测。建议国家相应增加执法队伍人数，并加大执法力度和相应投入，严格监管食品生产、流通等各环节的安全，实行终身负责制。

三要建立完整周密的食品安全监管体系，严厉打击违反《食品安全法》的人和事，及时并严肃处理生产企业的安全隐患，确保人民生命的健康安全。

四要建立健全食品安全问题报警机制，确保生产领域的安全生产流程。

五要建议政府相关职能部门根据严格实施《食品安全法》的需要，建立"从田头到餐桌"的全程监管制度体系。

（四）加速培养一支高素质的农民队伍

农业要建立起一个负责任的队伍和运营机制，必然要进行相应改革，甚至是涉及重要领域的改革。

在这其中，人，是最重要的。能否培养出一支高素质的农民队伍，是实现农业现代化的关键。

就当前我国农业产业的队伍状况探讨，有三个问题特别值得重视：

一是拥有9亿农民的农业大国，一定要培养年轻有文化、懂技术、善经营的，并有相对稳定人数的农业专业生产大军从事这项崇高职业和养命产业。

二是这支产业大军队伍成员，一定是从心底里热爱农业，具有愿意终生奉献于改变中国农业现状的精英思想和崇高品德，同时，也一定是中国农业发展历程中真正能担当重任的国家级农民军！是名副其实的21世纪支撑中国农业健康发展的生力军队伍！

三是这支队伍的成员，一定是热爱农业、热爱农村，并具有相应的吃苦耐劳精神。有开拓创新和求索进取精神，愿意全心全意把自己的精力和青春投入在中国现代化农业发展事业中！成为一代新型农业工作者。

（本书第八章第四条对人才培养方式将作详细论述）

（五）切实把握好土地科学流转

土地是农业生产的基本要素。几千年来，农民与土地生息与共，是农民代代相传的命根子。

当前，小农经济的农民土地所有权已受到了现代农业的严重冲击和挑战，迫切需要对土地的经营方式做出重大调整。

中共十八届三中全会已对土地流转做了非常明确的决定，在中央政策的指导下，实施土地流转，将对我国农业的快速发展起到巨大的推动作用。

在土地流转工作中有几点特别值得引起重视，以防带来后顾之忧：

一是严格遵循中央政府关于土地流转的方针政策，认真落实《中共中央关于全面深化改革若干重大问题的决定》中关于土地流转的精神，确保大方向的正确性。

二是充分照顾农民意愿，尊重农民自愿的选择，不搞强迫命令。

三是土地流转一定要有可靠的经营模式，确保土地流转后让入流农户获得良好收益。

四是土地流转应在合法的层面上进行，让农民放心、满意，并建立完善的流转手续和经营监管机制。

（六）土地平整为现代化农业大生产铺平道路

在现代农业生产中，机械化是现代化的基础，而机械化是建立在土地相对平坦基础上的生产方式。

我国东北平原、华北平原、长江中下游平原、三江平原等由于地域辽阔而又平坦，天然地为现代机械化农业大生产预备了良好土地资源耕作条件。

但中国地形的特点是山地多，平地少，海拔在 500 米以上的地区约占陆地面积的 3/4，在 500 米以下的仅占 1/4。这种地形特点，使相当多的地方处于山区和丘陵区。这些地区的耕地一般平坦面积少，坡地面积多。尤其是部分山区的田地，不仅梯形坡度大，而且丘块面积小，很不利于现代机械化作业。

历史发展到今天，农业机械化已是现代农业最基本的条件。由此，我国农村土地的平整问题，却成了推进现代化大生产一项刻不容缓的重要任务，也是城镇化建设必须重视的基础工程。

近些年，各地已拉开了平整土地的序幕。但因土地平整涉及诸多方面的因素，有些问题还需要进行相关探讨。本文第九章第六条第一点再作综合分析。

二、我国部分地方农业处于"涉盲"状态

我国加入 WTO 以后，国际先进的现代化农业对我国农业经济的冲击越来越严峻。以英、美为代表的现代高科技农业，不但大大降低了生产成本，而且在农产品质量和安全方面采用了高科技检测体系，大大提升了农产品的市场竞争力。我国农业面对这样激烈竞争的局面，各地都在积极应对，并取得了许许多多的可喜成就。然而，由于历史的原因造成我国农业滞后的现实处境，一些地方在应战中却出现了一些新的问题。

（一）盲目

部分地方的农村基层组织和农民，面对国内外现代农业的发展趋势，深深感觉到由小农经济延续的传统生产方式已在现代高科技农业面前黯然失色，毫无竞争力，但又不知道怎么才能改变这种局面，更不知道谁能帮助解决这个难题。长时间以来一直困扰在这种无所适从的盲目状态之中，

表现出十分的无奈。

（二）盲动

一些地方不甘落后，怀着强烈的创新意识和拼搏精神，大胆尝试改变传统农业耕作方式，在产业结构和耕作方法上进行大调整。然而由于对产业调整的规律性和耕作技术的适用性缺乏深刻了解，对市场规律缺乏充分认识，未能建立畅通营销渠道，最终导致盲目行动而产生的不良后果。

如某县一位政府领导一心想帮助农民致富，要求农民种湖藕，夏日逢时，公路两旁，长达数十里，微风摇绿海，荷花映骄阳，一派新景象。新闻媒体大为传播，路过者一片赞扬。可秋天所至，湖藕上市，因属普通品种，移位种植更有退化，缺少科技含量，售出甚少。寒冬临近，仍有不少湖藕睡在田里，挖藕的代价比售价还要高，老百姓干脆不要了。这完全是由于盲目行动造成的劳民伤财。

（三）茫然

不少地方的农民在延续传统耕作农业过程中，深深感到付出大，收成少，不能充分体现自己的劳动价值。而采用改变经营方式，大胆创新，又因为科技难把握，市场难对接，盲目行动容易遭受无法把控的经济损失。由此感到维持难，改变更难，眼前一片茫然，只好表示一种遗憾和无奈。这就出现了一个新的问题，本来我国耕地面积已不富裕，各地却又出现部分土地荒芜。这在改革开放前是万万不可能有的事，今天却现实地存在着，不得不引起人们深省。

农业领域出现的"涉盲"问题，是城镇化建设必须认真解决的问题，而且需要在方法和战略上有所突破。

（1）建设现代化农业已成为世界农业发展的主流方向

农业对科技的依赖程度日益紧密，农业科技已成为推动现代化农业发展的根本动力。

（2）农业竞争日益生态化和高科技化

在市场上，农产品的生态天然品质和科技含量高低，决定了市场价格的优劣，农业正在由"依赖型"向"生态科技支撑型"转变。

（3）农产品生产正朝着高品质和个性化方向发展

21世纪农业不仅要满足消费者对农产品质量、品种、花色的个性化需要，还要满足消费者对健康保障和精神享受的需要。

由此，现代化农业的时代主题应该是："高产、优质、低耗、高效、安全、生态"。只有达到这个目标，农产品在市场上才有竞争力。[1] 实现这个目标，其根本就在于产业模式创新。

三、用"扬弃式现代农业"改变我国农业现状

当前，我国农业发展滞后的问题，已成为了城镇化建设中必须解决的重大任务之一。根据各地农业发展现状，在加大农业科技创新的同时，对传统种养殖业进行"扬弃式"改造，是现阶段增强我国农业市场竞争力的重要战略，将对增强我国农业的"造血功能"发挥巨大的功能作用。

（一）"扬弃式现代农业"模式的根本含义

"扬弃"二字是来自哲学中的名词，这里所说的"扬弃式现代农业"，其根本含义就是对传统农业要一分为二，取其精华、去其糟粕，并不是对旧的东西一概否定或抛弃，而是要客观地看待传统农业。由于现代科技的高速发展，使一些人忘记和漠视了传统农业中的优良品质，才对其产生片面的认识。为使我国农业健康发展，亟须重新审视传统农业，从而保留下传统种养殖业中的有益部分或优良成分。这就吻合了哲学中所定义的"扬弃"概念，因而定之为"扬弃式现代农业"。当"扬弃式现代农业"经过新型组合后，在形成规模生产的基础上，将其定论为"模式"，这就是"扬弃式现代农业"模式的概念和特征。

（二）客观看待现代农业和传统农业各自的优势与劣势

随着科学技术的高速发展，今天的农业已进入到了现代化科技时代，而这个时代的农业特征，是用现代理念引路和用现代科技作支撑、现代设备武装、现代系统经营、现代信息导向、现代能源辅助的现代化生产体系。其独特之处在于，劳动强度小，生产周期短，产量高，产出效能大。

自 20 世纪 80 年代末，添加剂饲料问世以来，一个个大型养殖场在各地兴起，十万头养猪场，百万只养鸡场神话般地变为现实，还有养鱼、养鳖、养龟、养牛、养羊等以一个全新的产业推动社会物质生活的快速提升与发展。一时间，饲料行业成为了社会产业中具有效益优势的朝阳产业。20 世纪 90 年代，大棚蔬菜水果的问世，为人类生活又创造了一个奇迹。寒冷冰霜的冬天，茫茫一片的大棚里花红斗妍，绿色争辉，餐桌上冬有夏菜，夏有冬肴。诸多

---

[1] 孔祥智：《中国三农前景报告》，中国时代经济出版社 2005 年版，第 267 页。

农户因此获得了丰厚收益。可以肯定，今天的现代农业，是建立在现代科技支撑之上的大农业。现代化大农业，极大地丰富了现代市场的物资，创造了人类生活丰富多彩的崭新时代，这无疑是社会生产手段的巨大进步。

然而，现代科技农业也存在美中不足，突出表现在现代农业大量使用了农药、化肥和添加剂，饲料使农产品蒙上了安全问题的阴影。这个直接威胁人类健康的问题已引起了社会各界的高度关注，人们企盼产出天然食品的愿望越来越迫切。由此，发挥传统农业优势，采取"扬弃式"革新，不仅是时代的呼唤，也是人类社会发展的必然。因为，农业的现代化完全不同于其他产业。

用辩证的观点实事求是地分析传统农业，我们应该看到，它所特有的也是现代农业难以做到的品质，潜存着强大的生命力，不宜一概否定。中共十八届三中全会通过的《中共中央关于全面深化改革若干重大问题的决定》中强调"坚持家庭经营在农业中的基础性地位"，为"扬弃式现代农业"给予了强有力的政策支持。

1. 传统农业的优点

我们通常所讲的传统农业，主要是以农户为基础，利用传统方法种养殖和经营的农业经济，俗称小农经济。客观地分析传统农业，其优点有六个方面：

（1）历史上的传统农业，基本属于纯天然产业。农作物的种植和培育，主要靠摄取宇宙间的天然物质能量和农家生物有机肥，一般不使用化肥农药；养殖业不使用饲料添加剂，其产品属于绿色健康安全食品，这是传统农业最大的优点，更是现代农业难以实现的。

（2）传统农业的产品，由于充分摄取了宇宙间各类物质运动中所产生的物质能量或人们提供的传统肥料、食料，既而种养出的产品，其品质纯真，营养丰富。这是支撑人类健康生命的优秀物质本源，也是传统农业的独特和珍贵之处。

（3）传统农业充分利用了大自然特有的多种资源。如，农家周围的土地资源、绿色环境资源、广阔的空间资源、优良的空气资源和山间、水边、田地之中的农家养殖资源等等。这是大自然赐给人类健康生活和延续生命的永久性天然母乳；是传统农业所固有的十分重要的特殊优势。

（4）传统农业即小农经济，其劳动成果基本归农户自己安排，所以能充分调动每个农户的生产劳动积极性。

（5）传统农业属于各家各户独自经营，各自掌握耕种饲养内容和方法，各自承担风险，经营种类比较灵活，不受外界干扰，有利于加强劳动者的责任心。

（6）传统农业或小农经济基本属于人畜合作、成本较低，一般种植面积不大。经营上风险较小，不会出现大面积因管理失误所带来的损失。

2. 传统农业的弱点

传统农业相对今天的现代化大生产，也显示出了严重的弱点，其劣势突出表现在三个方面：

（1）传统农业基本属于单家独户作业，受农家各自的生产地盘和条件所限，一般情况下，生产规模都比较小，难与现代化大生产对接。

（2）现代市场和现代物流都是批量产品经营方式，实行品牌营销战略，而单个农户的农产品很难进入大市场，更难以形成品牌，这是传统农业特别是小农经济难以对接市场的最大困惑，也是传统农业的优势被现代化大生产淹没的主要原因。

（3）传统农业基本以天然种养殖为生产手段，尤其是传统养殖业，生产周期长，投入成本高。而现代科技养殖法，生产周期短，投入成本低，当消费者对两个不同产品的品质差别认识模糊的时候，其产品价格的差距与产品质量的差距就难以形成正比，使得传统农业受到无法抗拒的效益冲击，这就是传统农业处于劣势处境和走向衰退的重要原因。

现代农业中两个不同生产过程和手段所形成的不同优势，决定着各自的市场前景，成为互相竞争，相互促进，相互提高，相互发展的产业格局。

（三）农业的特殊性决定了农业的崇高地位

我们通常所讲的农业，包括了种植、养殖两大类，农业产出的产品，除了部分用作工业原料外，主要产品是人类所需的食品。因此，人们也称农业是养命的产业。这既是农业的本质，也是农业不同于其他任何产业的特性。正因为农业与人类生存息息相关，所以农业和农民承担着孕育生命和支撑生命以及延续生命的重大使命！

从农业的本质分析，其内涵主要包括两个方面：

一是供给人类一日三餐的食用品，为人类供给生命存在所需的能量。

二是确保提供的食品安全无害、具有丰富营养，为提升人类的生活质量及人类健康成长创造先决条件。

这一特殊本质，要求从事农业生产的人们必须具有高度的责任感和良好的道德观。因为农业的生产过程，就是农业产业工人运用相应的生产条件和手段，转换大自然物质能量的过程。农业产业为人类提供支撑生命、延续生命、孕育生命的物质，这种物质决定了农业不同于其他任何产业，农业能否健康发展，不仅直接关系到能否承担起人类自身健康发展的重大责任和使命，而且直接关系到整个社会生活能否协调发展的大事。所以，全社会都应充分认识农业的特殊地位，重视和维护农业的健康发展。

因为人类自身的生存健康全掌控在农业之处和农民手中，这个特殊产业的关键，就在于能否以最佳方式转换人类生命所需的自然物质能量。

从这个意义上讲，农业不仅需要特殊的生产条件，除了土地是农业的母体外，还必须借助宇宙间的阳光、星月、风、雨、冰霜等一切自然运动所产生的物质能量融入种养的动植物体内，才能种养出孕育健康生命营养丰富的食品。离开了从大自然中摄取物质能量的食品，难免在质量上存在欠缺。

（四）市场需求决定了"扬弃式现代农业"的开发潜力

自古以来，产品变为商品都是通过市场来实现的。农民生产的产品如卖不出去，主要有两个原因：要么是与市场脱轨，没有找到很好的通往市场的渠道或门路；要么是产品质量低，达不到市场所需的需求，而得不到消费者认可。

1. 30 多年来我国市场经历了三个阶段

第一阶段是被动消费阶段。改革开放前，由于市场物资贫乏，消费者进入市场，没有选择的余地，只能是有什么就买什么，很难实现想要什么就能买到什么。

第二阶段是盲目消费阶段。即改革开放后的一段时期，市场物资空前丰富，各类产品琳琅满目。消费者进入市场，见到新鲜产品就买，有些饥不择食的举动。

第三个阶段是理性消费阶段。历史进入 20 世纪 90 年代末以来，人们的消费观念发生了很大变化。经历了较长时间的盲目消费体验后，人们发现有些食品农药残留量大；有些来自于温室的食品，味道和营养大打折扣；有些食品因饲养或种植方式的问题质量已无优势等。这时，人们进入市场，必然挑挑选选，进行理性的比较与选择。

人们进入理性的消费阶段后已充分显示出人性化追求。这种全新的追求，使人们深深感到了消费中存在的突出问题，已对人类健康产生了严重威胁。人们力图立即摆脱毒素的侵害，摆脱垃圾食品对人体健康的困扰。但人们想要消费的物资，市场上却没有。这个没有，就为"扬弃式现代农业"展示了巨大开发潜力，为农民预留了无数个就业的永久舞台，为"扬弃式现代农业"储存了巨大利益空间。

2. 人性化食品主要来自于大自然

在客观世界里，地球上万物生长都受宇宙间运动的直接制约和关联，这是一个永恒不变的客观规律。不同的生产条件，决定了天然食品和改良食品存在质的差别。

专家郝万山讲述，一年四季节率是宇宙守衡运动的规律体现。四季节律中有月节律，月节律中有 7 日节律。鸡蛋孵小鸡是三个 7 日节律 21 天，猫怀孕是 9 个 7 日节律 63 天，兔子怀孕是 4 个 7 日节律 28 天，老虎怀孕是 15 个 7 日节律 105 天，人怀孕是 40 个 7 日节律 280 天。女性月经是以月节律为周期。

人是这样，动物是这样，植物也是这样，地球上的一切生物都与日月星辰大自然的运动密切相关。因为人体和动植物乃至一切生物都是由各种元素构成的，这些元素都是来自大自然，同时与大自然融会，与万物相联系，并相互制约。

黑龙江有块地方缺少微量元素硒，女孩发心肌病的人数诸多。

湖北钟祥市有个长寿镇，活过 100 岁的老人诸多，有位河南妇女嫁到长寿镇，现已活到 107 岁，身体仍然很健康。原因不是住在那里的人身体特殊，主要是那个地方的地理环境和在那片土地上生长的食品，具备了有利于延年益寿的物质能量，一种能为人类所摄取到的物质能量。虽然我们凭肉眼和感官功能感觉不到有什么特殊，但在那片土地上，万物与天地日月星辰的运动交融中，就会使之产生特殊性。

可见，生命的存在、成长，其变化速度、质量都与大自然密切相关联。同时也说明动植物的正常生长，需要一定时间摄取大自然万物在空间相融交汇中所产生的能量，并且能摄取到一定数量的物质能量，才能形成优秀的品质。

由此，我们必须十分重视宇宙中万物构成能量的规则。地球如果离太阳的距离近 1％，地球就是火球，不可能有生命；如果离太阳的距离远 1％，地球就是冰川，同样不可能有生命。因此，阴阳相融与生命相适，是大自然给予人类和一切生命生物的特殊和谐家园。离开这个家园，人类就不能生存。

目前，探测到的宇宙间其他星球都不具备生命孕育的条件，正因为地球在宇宙间所处的位置决定了地球上尚有阴阳二物，和谐运动，才能形成生命和生物；才构成千姿百态、万紫千红的精彩世界。

我们研究人类食品品质和安全，必须把大自然的运动关联规律作为基本研究对象。否则，就很容易犯违背自然规律的错误。

认识大自然的运动与万物生长的关系后，我们再来谈论食品，就不难理解其中的大学问了。因为所有作为人类食品的动植物，只有来自大自然环境中，才与人类人性化需求完全相吻合。

虽然人工通过科技合成也能产出某些好食品，但那是很难达到天然食品的品质的，尤其一些违背大自然中生长规律而加工出来的食品，难免会与人们身体健康形成无效性或抗逆性。

3. 大自然的物质能量是决定优良食品的母乳

世界上任何动、植物都是从大自然中摄取物质能量发育成长的。能量是大自然中阴阳结合的特殊物质，即太阳、星、月、风、雨、冰、霜融入气体中的特殊物质，是宇宙间各星球运动中产生的一切力量汇合而形成化育生命的本源。

任何一种生物，都会吸收大自然的空气、阳光、水分、气温、林荫、矿石、土地、月光、温泉、雨水、颜色、气压、风能等所产生的物质，以及不同季节和节气的不同物质能量。离开大自然的物质能量，任何生物都不能健康生长。

为什么附子生在山沟阴处就成抗寒药，西瓜生在阳光热地就成抗热食品，就是这个道理。经霜染过的白菜才甜，夏天的辣椒才香，没有见过阳光、雨、露、风、雪、冰、霜的植物，品质必然存在差异。

尤其是阳光，确实是人类取之不尽，用之不竭的生命能源。生活在北极圈的爱斯基摩妇女，在黑夜漫长、缺乏阳光的冬季里，没有月经，也不会受孕。

而生活在赤道附近的少年，性成熟要比北半球早。德国医学专家指出：许多疾病的发病过程都与阳光照射太少密切相关。充足的日照能使人免受高脂血症、高胆固醇血症、动脉硬化、风湿病、痤疮以及牛皮癣等各类疾病的折磨。

如果我们用光谱仪来分析阳光，便知道阳光可分为可见光、不可见光、红外线、紫外线、X射线、γ射线等。

阳光的各种成分经过与大气中臭氧以及其他物质成分相遇，产生一连串的化学变化，将分解出有利于生物生长的各种物质。[①]

可以肯定，宇宙间的一切能量，是发展农业所必需的环境条件。一切优秀食品都离不开大自然的母乳。

为什么反季大棚蔬菜与应季蔬菜相比，其味道有如此大的差别，就是没有充分吸收应季大自然的物质能量，只是摄取了土地中的物质元素，是生长环境不同的必然结果。

---

① 林光常：《无毒一身轻》，北京国际文化出版公司 2004 年版，第 56—57 页。

自古至今，应季蔬菜水果，本来就是享天日之阳光，受夜间之露水，吸土壤之养分，伴风雨之成长的草本植物。任意一粒种子埋入泥土里，一旦发芽钻出土面，它就面对整个宇宙，每时每刻都在吸纳大自然的新鲜空气，阳光雨露和大地乳汁，万物散发的各种养分不断地向它输送营养，使它逐渐长大成熟，带着大自然的母乳芳香和丰富的营养走向人类品尝的餐桌。

这种蔬菜和水果具有三个特点：

①充分吸收大自然间和泥土中的各种养分，能为人类健康提供丰富营养；

②经历了阳光雨露、风雪冰霜的历练，物质构成要素已达炉火纯青，该甜的甜，该酸的酸，该硬的硬，该软的软，这是天地日月赋予的瑰宝；

③色彩光泽天生丽质，香甜可口，韵味流连。

而反季大棚蔬菜水果截然不同，为了在低温区域造就春夏蔬菜的必备条件，一张塑料布常将它与天日隔离，从出土到成熟很少见到阳光雨露，很难呼吸到新鲜空气，更无法品尝到万物散发的清香和大自然的诸多养分。虽然它们的模样与正季蔬菜水果几乎没有区别，但食用口感相差甚远。其质的成分难免存在差别。

从实践的观点思考，味也是物质的体现。无质就无味，无质就无色，无质就无物，按照这个原理，既然味有如此差别，质也应该存在差别。

它们中的微量元素和内涵成分究竟有哪些区别，是否缺少某些成分，受检测手段所限也难以作出判决。但这种差别不仅从产品品质上给反季蔬菜生产者提出了满足人类人性化生活质量的更高要求，为科技创新赋予了新的内涵，而且也为"扬弃式现代农业"提供了广阔的舞台。

4. 吹"气球"式养殖法为农业预备了广阔空间

在科技领域中，添加剂的问世，无疑是一项重大科研成果。它对推动相关产业的发展起到了极为重要的辅助作用。尤其添加剂引入饲料产业后，推动饲料生产成为一个庞大的产业。然而饲料养殖在创新养殖时速的同时，也使产品质量打上一个大问号。

首先来看现代吹"气球"式的养殖法。这里包括了养猪、养鱼、养虾、养鸡、养鸭、养海参等，凡引用了现代快速养殖技术的养殖产业，其产品质量都已成为社会关注的焦点。

比喻，现代吹"气球"式的养鸡法，即用添加剂饲料催化成长的鸡，从它出世到进入市场，一个笼子关到死，终日见不到阳光风雨，一生都不能活动，更享受不到野外的新鲜空气，大自然中特有的营养物质能量基本吸收不到。

人工配备的添加剂饲料，主要的目的是催促快长。这些饲料进入鸡体内，就像一股具有神力的膨胀气流，使得关在笼里的小鸡像吹气球一样迅速膨胀，40多天就能吹出4～5斤体重。

这种鸡从视觉上看模样也没有太多改变，只是鸡脚粗大，像得了水肿病，头上鸡冠粗大也像肿块，其他外观很难辨别。但一旦送上餐桌，进入人们的口中，就能感受到存在着太大的质的差别。

人的口感是最直接的检验。这种鸡肉进入口里，其肉质轻软，粗糙，谈不上可口，说不清味的感觉。与原本农家不喂饲料放养的鸡相比，有点似鸡非鸡的味道。鸡汤更是无法相比。

农家放养并不喂饲料的鸡，在太阳云雾以及风雨之中穿行近一年，就凭太阳的20多种物质，在鸡的身上穿透会发生什么样的物质转化作用，对鸡的肉质鲜美形成起到什么样的渐进效果，还有野外的优质空气、风雨冰霜以及宇宙中万物形成的物质能量与鸡的成长交融，以及鸡能自食的野草和昆虫以及野外运动等等，都会对鸡的优秀品质形成起到什么作用，可能专家们也还没有这样去研究过。

目前，有关部门鉴定的笼养鸡基本具备放养鸡的营养成分，也只是具有一些主要的营养成分。何况农家放养鸡具有的优势而笼养鸡没有的其他成分，也很难鉴定出来。其原因不是相关部门不想鉴定，也不是专家不愿研究，而是就目前的科技发展水平，其鉴定手段还存在一定的局限性。

由此，广大消费者凭自己的品尝经验已感觉二者明显差别。农家放养的鸡，它的成长过程决定了它的品质相当于野味的香甜可口，其清炖鸡汤的鲜爽甜润，更是给人一种特别的美食享受；而笼中饲养的鸡做出的清炖鸡汤，加了配料感觉就是配料味，不加配料感觉几乎没有可口的味道，甚至还有一股肉腥味。所以，餐饮场所一般都是油炸，吃的是油香味，或辣椒配炒，吃的是辣味。

在北京，讲究饮食科学的消费者，很少食用笼养的鸡肉。经济条件较好或稍懂食品知识的消费者，基本不吃这种肉类食品。他们深知这类食品除了口味的差别外，营养也会存在差异，何况还可能带有副作用。相关专家早有提醒，添加剂在动物体内不能全部转化，而在人体中产生第二次转化。

更令消费者担忧的是，个别养殖户养鳖、养虾、养鳝鱼等加用避孕药等等，都让人们对食品的安全十分恐惧。各界人士深深感到今天城市居民一方面享受着时髦现代的精神生活；另一方面却天天吃着退化食品。这种状况，给中国农民提供了一个巨大的商机信息，为天然种养业保留了最有效的开发潜力。

四、"扬弃式现代农业"模式的主导方式

（一）科学主导大小相融的产业模式

就"扬弃式现代农业"而言，主要是继承优秀产业，弘扬优秀品质，提升人类健康，这是赢得市场竞争优势的重大举措。中国农业的传统经营方式，都是以农户单独耕作进行的。其主要优点在于纯天然种养，遵循动植物自然生长规律，这是"扬弃式现代农业"的核心。虽然只是小农经济，但却具备了人性化生活需求的独特优点。

小农经济在今天的市场化现代化大生产潮流中，尽管出现了无法对接的状态，但一旦经过模式创新，局面就可完全改变。

当人们认清了天然食品和改良食品在品质上存在的必然差距后，小农经济的生产方式经过"扬弃式"革新，把大和小即大生产和小农户有机地结合起来，扬其各自之长，避其各自之短，也可以说是扬之"土"优，吸之"洋"新，能融则融，能通则通，能省求省，能快求快，适合为标准。不仅能够充分展示出农家各户生产优秀食品难能可贵的特有条件优势，而且能够使单个农户通过进行优化组合，显示出良好的产业运营模式和经济效益，增强农业的"造血功能"，为现代优秀农业谱写划时代意义的新篇章。

（二）用链条式将小农户组合成规模化大生产

现代化大生产，充分体现了高度机械化、电气化、信息化、产业化的格局，这是大趋势。然而，中国农业的现状要与现代化接轨，绝不能脱离国情和现实而一概否定传统，因为推举现代化同样存在不小难度。

根据我国农村和农民的现实情况，在产业模式上，我们可以"扬弃"传统的，融入现代的。即在可能的情况下，把小融进大，以大包揽小，要大则大，适小就小，大小可变，方便灵活。这个产业模式的核心，是"扬弃式"改造，而不是一概抛弃传统。

我们称之为"扬弃式现代农业"模式，就是一种链条式组合。如一个乡适合养鸡，可以发动各家各户养鸡，同时以乡为单位统一解决市场对接和孵鸡技术，统一解决防病治病，统一做好产出销售。这样，既调动了千家万户的劳动积极性，又适应了现代化大生产，既保证了放养高品质，又创造了养殖高效益。如某个乡镇或几个乡镇的农民有养殖优质生猪的传统，同样可以分户散养，以乡（镇）统一组织配置种猪、技术指导、防病治病，特别是市

场对接，既形成了大的产业，又充分利用了地域资源和优良传统生产技术。如某地区土质独特，能产出优于别处的优质水果或粮食，同样可以应用此类组合模式，以形成规模化大生产。

浙江省湖州市长兴县就是"扬弃式现代农业"的典范。他们根据当地传统农业中家庭作业优势，大力推行现代家庭工业，现代家庭农业，现代家庭服务业等，在全县掀起全民创业热潮，创造出特色的"长兴景象"。

在长兴，走进农户庭院和田间地头，无不让人感受到全民创业的浓烈气息。人们想的是创业，干的是创业，说的还是创业，"人人创家业，户户达小康"已成为全县人民的共同行动，呈现出竞相发展的喜人态势。

长兴县家庭工业起源于 20 世纪 80 年代的纺织领域。2007 年 6 月，长兴县委县政府审时度势做出大力发展现代家庭工业的精确部署，在全县展开"人人创家业，户户达小康"的创业行动。以乡镇为中心，把广大农户的家庭作业链接成同类产品的规模化生产，按照"一乡一业，一村一品"的区域布局，加快发展商品蔬菜、花卉苗木、特种水产、优质茶叶、名优水果、高效竹林、传统蚕桑等地方资源产业，使分散的农户做出了品牌大产业，充分体现着城乡双赢。形成了农民给城里人送健康，城里人给农民送效益的良好机制。到 2008 年底，全县家庭工业已达 1.3 万户，展现着兴旺的发展态势和地方特色。

十八届三中全会提出："加快构建新型农业经营体系。坚持家庭经营在农业中的基础性地位，推进家庭经营、集体经营、合作经营、企业经营等共同发展的农业经营方式创新。"①

链条式机制把小农户与大产业有机地结合起来，既符合中央的精神，又有利于调动广大农民的生产积极性，增强农民的责任心。经营灵活，风险较小，有利于经营管理，有利于大批量产出消费者需求的天然优质食品，为打造健康时代提供强大的物质支撑。

（三）以"蓑衣斗笠丘"打造特产区

所谓"蓑衣斗笠丘"，是指南方特殊地形的小块田地。比喻面积小得像农家过去下雨天穿的蓑衣和戴在头上的斗笠雨具般大，一块田叫一丘田。

我国土地大半是丘陵地区，不可能简单谈论现代机械化大生产。到过中国南方农村的人都知道，中国南方的广大农村要推行现代化大生产，不少地方不仅目前根本不可能，再过十年八年恐怕也难办到。

---

① 《中共中央关于全面深化改革若干重大问题的决定》，新华社，2013 年 11 月 15 日。

因为中国南方的丘陵山区，地形奇特，许多田土的梯形坡度相当大，有的地方半数以上的田土丘块面积不到 200 平方米，个别的仅有几十平方米，离机械化大生产所需的生产条件似乎还很遥远。

但恰恰这些小丘小块土质奇特、自然环保，能产出十分健康和营养丰富的优质食品，是植物的天然母体，是人类制造优良品质营养食物的天然宝地。客观地说，只要人们知道了这些地方的独特优势，这类田土就会成为当地农民永久取之不尽的金库。

由此，我们千万不能轻视这些在历史上被人们称为"蓑衣斗笠丘"的田地其珍贵之处，不能随意丢弃这些蕴藏了人类健康生活所需无价之宝的重要生产基地。

特殊的地域应采取特殊的耕作手段，没有必要强求这些特殊地域也要实施现代机械化大生产。我们可以研究一些适应小面积作业的小机械，但无须一定要改造成适应大机械作业的生产条件。因为那样做既不现实，也没有必要。特殊地域打造特产地区，是十分有益的产业方向。

对我国山区的乡村，一般都可以采取链条式组合，把"蓑衣斗笠丘"组合成大产业，而且是具有地域特产特色的大产业，这是当代农业赢得高效产出的特别资源和显著亮点，值得山区基层政府引导农民做好这篇富于时代意义的好文章。

（四）集体组织架起农民增收桥梁

这种组织模式与以前公司＋农户的模式应严格区别开来。近些年，不少地方为了帮助农民打开产品销路，乡村建起了经营公司，但不少公司属个人投入，市场经营，过多考虑公司的发展。收购时把农户的产品价格压得很低，当地政府不好干预经营，几乎不过问这个核心问题。农民自己又难与市场对接，结果是公司赚了大钱，农户收益甚微，严重挫伤农民的积极性。

为此，采取以农民自己组织"农民合作社"，推介农民代表负责日常工作，农户集体当家做主，合作社纯属服务组织，这样既有利于调动广大农民积极性，又能全心做好工作。与此同时，乡级政府把服务农民产品对接市场作为一项主要职能工作，充分发挥政府与外界联系的优势，实实在在为农民解决实际问题，成为名副其实的服务型政府。

五、"扬弃式现代农业"模式的作用与意义

从"扬弃式现代农业"的实施方式看，其核心是推选纯天然种养产业，产出人性化需求的优质食品，由此，自然具有特别作用和意义。

（一）为人类开辟了长久的健康食品之源

现实生活中，广大消费者面对食品安全问题的威胁，一直担忧食品的来源是否安全健康。由于现代化大生产以劳动强度小、产出效益高所构成的产品绝对销售价格优势，几乎占领了整个消费市场，使农家传统种养方法已面临被淘汰的困境，市场上丰富的肉类、水产类产品，几乎都是饲料添加剂养殖的产品，粮食、蔬菜和水果基本经受过农药化肥的护育，真正属于农家纯天然种养的食品很难在市场上找到。

当"扬弃式现代农业"在农村广泛推出后，将为人类健康生存开创崭新的物质源泉，为人们健康饮食提供有效保障。

（二）充分利用了农村已荒废的稀缺资源

我们常说，土地是农民的命根子，这只是狭义的表述。其实，土地是人类生存共同的命根子。因为土地是农业的母体，离开土地和天体供给物质能量的农业，产出的产品必然存在质的差别。

然而，由于传统种养在现代农业中的劣势所致，不仅千千万万农户住宅周边的放养资源处于闲置，而且全国出现了相当面积的土地荒芜现象，这种宝贵资源的浪费该是多么的遗憾。

"扬弃式现代农业"模式，将有效改变这种状况，使广大农村大量闲置或荒废的紧缺资源得到充分利用，成为造福于农民，更是造福于人类的产业舞台。

（三）为我国农业找到了一条新出路

自 20 世纪 90 年代以来，在国际现代农业高速发展的新形势下，我国农业逐步出现困局。一方面农户各自经营难以对接大市场，另一方面多数地方又不具备现代化大生产的条件。

"扬弃式现代农业"模式，将有效克服我国农业出现的阻力和困境，为家庭联产承包责任制注入新的活力。使小农户顺利组合出现代化大产业，有力地推进我国农业步入新的发展方向。

通过推出"扬弃式现代农业"模式，让农村人给城里人送健康，让城里人给农村人送效益。形成生活与产业的直接沟通，创造城乡互动、利益共享、互惠双赢的格局，把城市反哺农村引入城乡互动的产业中，建立城乡统筹的新型长效机制。

（四）找回农民本土优势的"造血"工具

在社会生活中，市场是可以通过自己的努力培养出来的。今天的市场，产品名目繁多，市场十分丰富，但品质优良、又无公害的产品不是人们想象的那么乐观。尤其是肉类、水产类食品，人们甚为顾虑。

为此，广大农民用天然养殖的鸡、鸭、鱼、虾等优质食品去占领市场具有绝对优势。农家放养的鸡，随农户起床时间放它出笼，吹晨风，受日晒，呼吸野外新鲜空气，啄食原野昆虫花草，每天加食稻谷或大米，剩饭或剩菜，饱尝了大自然的风雨冰霜，阳光历练和宇宙万物能量的融汇，其品质和营养的优秀，让人品尝时感到一种真正的美食享受，滋补人们精神元气。这是今天城里市场紧缺的商品，广大农民要用乡村的强项去取胜市场，用农家天然养殖的产品的优秀品质去竞争市场，从而改变农业的困境，康复农村特有的"造血功能"。

（五）为农民托出闲置的"金饭碗"

作为社会生产者的广大农民，因为承担了人类生命延续的必需物资生产供应任务，用历史的观点和科学的观点看，这是一只永不生锈并永远端在农民手中的"金饭碗"。

改革开放30多年来，农民的天然品质产品之所以未能在社会生活中形成应有的知名气候，这是历史原因造成的。早在计划经济时代，由于生产力水平的局限，农业的生产手段几乎延续着几千年来的传统种养方法，社会物资极为贫乏，人们对物资的需求几乎没有挑选余地。

改革开放的强劲东风，带来了科学技术领域的研究和发展空前活跃的局面。大批科技成果迅速问世，并进入生产领域，大大改变了生产手段，提高了生产效率和经济效益。

农业的种养业也不例外，在封闭多年后的改革开放年代，添加剂进入种养殖业。一时间，人们对此感到新鲜、好奇、欣慰，并视其为改革开放的伟大成果。至于这些令人眼花缭乱的产品，其中是否存在某些有害人体健康的因素，人们却没有多想，甚至也不会这样去想。

当经历了一段历史过程后，人们才逐步发现其质量方面的深层次问题。

今天，人们用自己几十年的体验并付出了一定代价后才完全明白一个道理，即传统种养方式并不完全是落后无用的方式。就养鸡而言，农家传统放养的品质绝对高于大批群体放养，笼养就更不用说了。从产品质量分析，农家占有绝对优势。只要政府给予支持帮助，每个农家每年养出近百只鸡，部分农户甚至养出二三百只鸡是完全可能的。利用农家分散的地域条件，完全采取传统放养，绝对不用配有添加剂的饲料，使之达到纯天然品质，由政府疏通销售渠道，针对城市的相应消费人群，价格可比大批笼养的肉鸡高出两三倍，甚至再高一些。就像工业产品一样，同样是电器产品，不同质量品牌，其价格相差一倍甚至几倍。面对中高层次的消费群体是完全可以接受的，一些发达国家的中高层次消费群体就更不用说了。

从这个意义上说，农户以传统方式养鸡、养鸭、养猪、养鱼等，每家每年就可增加上万元甚至几万元收入，而且是长久性的产业。是农民想要就能得到的工作岗位。可以说这是长期握在农民手中，别人想拿也拿不走的"金饭碗"。改革开放几十年中，由于多方面原因和现代化大生产的冲击，农民的这只"金饭碗"已搁在一旁闲置多年，现在已到了该拿出来用于吃饭的时候了。

（六）以优质产品赢得市场的永久宠爱

农业，其实质是养命的产业。因此，对农产品的品质要求，必须超过任何产业。这是一个不容置疑的常识，也是真理。

如果我们的科技创造或革新为了经济效益而损害人类健康和生命，这种科技不仅没有意义，而且是对人类自身发展的不负责任。

我们必须明确人类的一切活动，在很大程度上都是为了优化人类自身的生活质量。因此，确保食品人性化的品质是农业科技创新必须遵循的基本原则。

对于孕育生命的物质，我们不能随意改变其生长规律而破坏其优秀品质。这也好比人类自身只能通过人类母体孕育出来一样，如果要强行通过其他动物母体孕育就不知要生出一个什么怪物。再说人类母体十月怀胎，我们绝不能催化在3～5个月降生。否则，也不知会生出一个什么样的畸形人物状态。

大自然中生长出来的动植物，与我们采用科技手段对其进行改造出来的动植物是有根本区别的。我们必须朝着优化品质的方向去改造，这是现代科技应用于生产的首要原则，任何一个科研人员和企业家都不应该为了金钱和效益而违背这个原则。

当今市场中，常见一些产品的模样变化，小个变成了特大个，如超大茄子，超长丝瓜，超大南瓜等。但茄子没有原来的茄子香，丝瓜没有原来的丝瓜甜，这种改良究竟有何意义？也可以说是对原生态优良产品品质的破坏，更是对人类自身生活的不负责任。广大消费者只有叹息，没有开心和赞语。

当今食品市场出现的局面，广大消费者早已忧心忡忡。希望从事食品创新和改良的科技人员及生产企业以优质为首要目标。更希望广大农民拿出原有的看家本领，遵循大自然特有的生态种养规律，精心培植人们久违的优秀品质食品，使其畅销国内外市场，并受到市场的永久宠爱。为康复农业的

"造血功能"推出一架长久适用的"造血机"。

（七）以"土"竞"洋"赢得国际竞争优势

土，有史以来多数时候当成贬义词使用。老土、土老帽儿、土得掉渣、土得出奇，云云。尤其是年轻人，最怕别人说自己土气。其实土的本质是十分可贵的。在现代生活中，土代表了原始、传统、天然、纯真，泥土芬芳就说明"土"同样有美名，尤其在现代饮食中，"土"已成为人类的最高享受。土鸡、土鸭、土菜在市场和餐饮业中最受顾客欢迎。

当人们经历了现代种养殖业中饲料添加剂和农药化肥出现的安全威胁问题后，已清醒地体验到了真正的营养品和美味，只能来自天然的生长。

在现代市场经济的国际化竞争中，我们根据自己的实际，特别是全国各地千差万别的具体情况和独特优势，采取"散小连片，规模经营，土中有特，以土竞洋"的经营战略，同样可以创出大产业，实现我国农业健康发展。

因为现代农业大产业，在很大程度上是以机械化和人类科技配方为基础的大产业。与传统原始的天然产业有着本质的区别。其核心差距就在于现代高科技农业归根到底仍是人类对自然规律的修正。即通过科研专家对某一事物生长各要素的考察研究和试验过程，发现该事物新的组合规律，并引入生产体系。毫无疑问，科技是人类改造自然的有力武器。但鉴于食品物质的特殊性，科技对食品的改造又存在很大局限性。只要我们深入想一想就会明白。人们采用科技手段对食品进行优化质量和效益的配方，绝对不可能达到宇宙中万物形成的综合物质能量。

原因很简单，人们虽然可以采用世界当今最科学的配方培植食品，但无论多科学的配方，都替代不了太阳、月亮、风、雨、冰霜等宇宙中一切天体运动所产生的物质能量，替代不了这种宇宙中综合物质能量与地球自身各种元素相融合而供给动、植物天然生长的母乳。因为这是一种天体配方或宇宙间自然形成的优质配方，是超出人类智慧认识的配方，是任何其他配方无法替代的。虽然今天的科学技术已十分发达，但人类远远没有达到对世界万事万物认知的终点。

由此，在大自然中，在阳光雨露中生长的动植物，其品质绝对是人们采用科技手段无法做到的，不但口味大有差别，而且品质也会存在一定距离。这是特别值得社会引起高度重视的一个客观事实。

可以说，天然就是人类生命的本质。因为人类本身就是大自然中地球孕育的生命。地球母亲提供给人类食用的动植物就是母亲的乳汁，是支撑人类延续生命的基本物质。我们坚信，这一"扬弃式现代农业"模式，必然会引起全社会的共鸣，包括国际社会的共鸣。因为许多国家都进口中国食品，在当今机械化大生产时代，各国朋友能品尝到中国"扬弃式"纯天然食品，应该是比什么都珍贵。虽然不是历史神话典故中传说的能"吃上唐僧肉将长生不老"，但其品质绝对高于现代科技改良食品。不仅安全、优质、营养，而且是人们品味生活、倡导健康、延年益寿的有效物质支撑和人类食品中最珍贵的瑰宝，必然赢得广大消费者的青睐，为农业打开新的局面，并创造出超越历史的产业效益。

六、让社会给天然食品提升价值地位

随着中共中央、国务院对食品安全和质量的高度重视以及检测手段的科学化程度不断进步与提升，国家职能部门也不断在加大管理力度。我国广大消费者对食品品质的认知和关注，已到了非常理智的程度。

（一）人们已清醒地认识到食品的残留有害物对人体健康的影响和伤害

包括养殖业中的有害饲料添加剂，种植业中的农药化肥，产品加工业过程中的有害添加剂，特别是催生快长的生物技术性手段对食品营养和品质的改变所带来的新问题等。

从观念上完全认识到了原生态食品品质的可贵。明白了食品优劣与人体健康的特别关系。优质食品是支撑人类健康的第一要素，这一观念已成为广大消费者的普遍共识。要想活得健康长寿，必须严格把好饮食食品品质这一关。

（二）人们为了健康愿意为生产者承受相应的品质价值

当普通的鸡蛋只卖 4 角钱一个时，德清源的鸡蛋卖到了 1 元钱一个。江西一位姓姜的先生在青年路商场门口专销柴鸡，每公斤价格 32 元，比普通鸡高出一倍多。2007 年 7 月《财富》杂志报道，日本宫城县大米每 2 公斤 188 元的高价在北京、上海出售同样受市场青睐。2009 年 10 月 30 日中央电视台第 7 频道报道，山东一农民养黑猪，由于猪肉味美质高，每公斤卖到 80 元还供不应求。贵州省天水县李勇，大学毕业后在广东工作，偶然机会得到养竹鼠的信息，他辞去工作回到贵州农村，养出的竹鼠卖到 160 元 1 公斤，每只 3 公斤可卖近 500 元，成本才 50 元，被称为"竹鼠大王"，并带动了 100 户农民养竹鼠致富。2009 年 9 月 18 日北京电视台《生活》栏目报道，京白梨卖到

120元1公斤成为抢手货。北京许多爱吃湘菜的居民都知道，千岛湖的鱼头在北京大望路毛家饭店卖出近500元一份，居然是就餐者必点的首选菜。

可见，相当部分消费者为了健康和口味，已不会太多地计较价格的差别了。还有北京的许多餐馆的清炖土鸡，普遍以高出笼养鸡一倍的价位出售，同样成为抢手货。

因此，农户特有的天然品牌鸡、鸭、鹅、猪、鱼、虾等和完全不使用化肥的露天蔬菜，其特殊品质将赢得相应高额的市场价格，农民的产出价值将直接发生巨大变化，成为康复农业"造血功能"的核心途径之一。

（三）产品需要社会力量导航

在社会生活中，任何一个好的产品，离不开社会的推介。这里说的推介，并不是狭义的推销，而是广义的倡导，特别是对人们消费观念的导向。

人们的消费观念是决定市场对产品青睐或排斥的主要因素。在这方面，有三点值得政府部门引起重视。

（1）我国经过30多年的改革开放，社会经济已得到了空前发展，人们生活水平已大大提高，温饱问题已基本得到解决，广大消费者已有条件讲究生活质量，特别是直接影响人类身体健康的饮食质量。

（2）人们经历了从市场的物资贫乏被动消费阶段，到物资丰富的盲目消费阶段，再到近些年的理性消费阶段这三个阶段后的今天，对食品认知的主要原则：首先是安全健康，其次是营养和口感。

然而，广大消费者自己是很难做出鉴别的，因为他们不具备鉴别手段，单个消费者也不可能每天都去做所需食品的检测，只能通过社会，即通过政府相关职能来实现这些认知。这就是社会的推介或社会导向。

2007年，湖南媒体介绍红薯的营养成分对人体健康十分有益，一度使红薯成了市场的畅销品。2008年，作为走俏市场的三鹿奶粉，经国家职能部门的检测含有对人体有害的三聚氰胺，中央媒体披露后，立即成为人们唾弃的有害物质，避免了更多无辜者深受其害。

（3）事实证明，社会的推介就是责任的导向。

近年来，政府职能部门加强食品监管，不定期地曝光下架有害食品，充分体现了党和政府对人民健康的高度重视，起到了至关重要的导向作用。关于添加剂进入饲养行业以来，确实给商家和企业带来了巨大的经济效益，并成就了不少千万、亿万富翁。然而也为人类健康埋下了深深的祸根，特别是青少年儿童的肥胖症，不少专家已提醒与添加剂饲料养殖有关。

虽然相关专家一直在努力改善添加剂的成分和调整其配方，检测部门也做出鉴定，表明笼养的禽类基本具备应有的营养成分。国外科技行业也在做深入探讨和采用更先进的配方。但有一点是无法改变的，那就是笼养不可能达到农家放养、不用饲料并融宇宙万物能量母乳为一体的肉类品质。

因为科学技术也是一个不断发展的过程，谁也不能说今天的科技十分发达，已到了认知世界和事物本质的终点。可以肯定，迄今为止，对于食品内部成分，我们可能还有不少未知的要素，绝不能说已达到全知程度，因为自然世界仍有太多太多的奥妙，人类对其仍处于未知状态。这是人类健康中必须高度重视的一个问题，也应引起广泛关注。

七、发动专家联手会诊中国农业

新中国成立以来，大批涉农专家，已把毕生精力和时间都投入在调查研究解决"三农"问题中，对我国农村的发展走什么道路和途径最有发言权。在今天我国城镇化建设的伟大事业中，充分利用和发挥专家的特殊作用，发动专家会诊农业，是党和人民事业的迫切需要，必然获得良好的社会效果。

(一) 让专家为农民的"金饭碗"效能提速

在我国广大农村，农民优秀的传统种养业之所以步入了进退维谷的尴尬境地，除了消费者观念被误导一段时期外，农民自身素质存在的缺陷也是重要原因之一。目前要使这只闲置多年的"金饭碗"恢复应有的功能，必须发起专家相助一臂之力。

一是依靠专家系统培训广大农民对种养殖业防病治病的实际操作技能，凡是家庭确定负责种养业的成员，必须接受专家的定期培训，确保生产过程中不因技能问题造成其损失。

二是确定专家有计划地下到农户家，有时段性地进行检查和相关指导，避免种养过程中出现的不该蔓延的问题，使之产业顺利发展。

三是建立专家联络制或值班制。农户遇到生产中的突发事件或疑难问题，随时可与值班专家取得联系，在专家的帮助下，及时克服困难解除风险。

四是发动数万专家为全国农村号脉。

第一步对全国乡村土地、气温、雨水、光照等自然条件做出精确鉴定；

第二步对不同生态环境的区域产业类别进行论证和规划；

第三步指导实施规划。

在这里，我们必须坚定一个信念，有共产党和政府号召专家相助，广大专家就一定能在种养业健康发展的特殊领域中发挥重要的保障作用。

近些年来，各级政府早已注意到了专家在推进我国社会主义建设中的巨大潜力。不少地方把邀请专家调查研究作为当地农村寻求发展良策的有效途径。

（二）专家是任何一项科学技术成果的鉴别者

古今中外，任何一项新发明、新的技术改造，都得通过专家的鉴别和确认。离开专家的评鉴，其创造发明就很难得到社会认可。

今天，我国广大农村尚有许许多多的地方特优产品，其质量、营养、口感等都十分优秀，但却没有得到市场的认可，或者与普通产品同一档次进入市场，这是最大的遗憾！

改变这一状况，只能通过专家对其做出鉴定，拿出权威性检测数据向社会公布，才能得到消费者的认可和青睐。由此，专家对于品牌的确立有着决定性推动作用。

八、政府为增强农业"造血功能"保驾护航

随着市场经济体系的逐步建立和发展，我国各级政府的职能已发生了重要变化。"服务型"政府的理念，已成为当今政府职能转变的主流。

根据政府工作的职能范围和康复农业"造血功能"的需求，建议政府主要应在五个方面做好服务。

（1）对广大农民产出的优秀品质产品，建议政府应通过适当形式给广大消费者以积极的引导。主流新闻媒体向社会做适当宣传。

（2）建议从政策层面上调动广大涉农专家投入增强农业"造血功能"的事业，有计划地组织一定数量的专家定时完成广大农民的科技培训，随时帮助农户解决种养业中遇到的各种疑难问题，确保农民的种养殖业不因技术问题而遭受损失。

（3）建议在稳定粮食价格保证人们吃饭问题不出风险的前提下，从政策上鼓励其他农副产品特别是养殖产品以优良品质参与市场的价格竞争。也和工业产品一样，以质定价，上不封顶，帮助农民以优质劳动成果获取良好经济效益。

（4）建议政府，特别是基层政府帮助农民疏通优良品质产品的销售渠道，这是政府服务农民最实际的一项支持和帮助。广大农民受社会交往层面和范围的局限，他们自己很难解决销售渠道问题，迫切需要各级政府给予支持。从现实情况看，政府具备的社交优势完全有条件做好这项服务，尤其是县

（市）乡（镇）两级政府，从关系上最贴近农民，更有理由为农民力解这一难题，为扭转农业的困境多做农民需要政府帮助的实际工作。

（5）为农户解决生产起步资金困难。近年来，农村已有部分农民力求发展产业，但多因起步资金困难而止步。建议政府从相关农村建设资金中拿出适当数额，支持解决农户产业起步资金问题，或协调金融系统出台普遍适应农户的小额农业贷款政策，这是对农村发展最实际有效的支持，更是对增强农村"造血功能"最具实际意义的举措。

第六章 "万镇"将创建一个世界生态文明大国和世界旅游文化大国

中华民族是一个拥有 5000 年文明发展史的伟大民族。在 960 万平方公里的国土上，到处都展示出秀美山川和旖旎风光，并流传着动人心弦的经典故事和灿烂文化！

"万镇"格局形成后，将使这个伟大国家呈现出一个生态文明大国和旅游文化大国显赫于世界。

一、"万镇"将创建一个世界生态文明大国

中共十八大提出"生态文明"建设，是改善人类生存环境，实现人与自然和谐共处的重大国策。

联合国秘书长潘基文在 2010 年 12 月 2—5 日首届世界生态安全大会的视频致辞中指出："世界正面临着诸多挑战，没有一个国家能够独自应对，例如，气候变化、生态恶化、极端贫困、经济危机的持续影响、核威胁、自然和人为灾害、军队暴力和对人权的侵犯等。世界各地的人们生活在日益严重的焦虑和恐惧中。然而，在联合国为解决这些问题（包括为实现千年发展目标）所做的努力工作中，亚洲政党国际会议都是一个强有力的支持。"

中国共产党是亚洲政党中的重要力量之一。中国政府是一个敢于承担国际义务的大国政府！造福世界人民是中国政府的宗旨。2013 年 11 月 15 日新华社发布《中共中央关于全面深化改革若干重大问题的决定》，指出"加快生态文明制度建设"，"必须建立系统完整的生态文明制度体系，实行最严格的源头保护制度、损害赔偿制度、责任追究制度、完善环境治理和生态修复制度，用制度保护生态环境。""划定生态保护红线。""改革生态环境保护管理体制。""对造成生态环境损害的责任者严格实行赔偿制度，依法追究刑事责任。"

中央的决定，充分说明了中国共产党和我国政府治理生态环境的决心和信心，完全体现了我国是一个对世界生态文明建设负责任的大国。

（一）生态文明是一项需要各国政府加强国际合作的事业

2012 年 9 月，在意大利纳普勒斯召开的国际生态安全会议上，联合国副秘书长兼人居署署长克洛斯曾表示："各国政府都应把生态安全建设作为改善人类环境的重要任务来推动。"这一指示包含了两个方面的重要内容：一是人类生存环境治理系全人类共同的任务；二是各国政府应加强合作，共同解决生态危机。

国际生态安全合作组织主席蒋明君在《生态安全学导论》专著中论述："生态危机将使人类丧失大量适于生存的空间，并由此产生大量生态难民而引发社会不稳定。维护生态安全，是人类生存和发展的首要任务。""随着人类文明的不断进步，城市化进程的不断加快，人类生存环境和整个生态系统都在发生着巨大变化，甚至在遭受着巨大的破坏。人类的居住环境越来越受到世界各国政府的高度关注与重视。"①

我国作为人口大国，人民的居住生活环境同样受到生态安全的严重挑战。

近些年，中共中央、国务院已把生态文明建设提到了十分重要的位置。2012 年年底召开的中央经济工作会议强调：要把生态文明理念和原则全面融入城镇化全过程，走集约、智能、绿色、低碳的新型城镇化道路。②

2013 年召开的十八届三中全会提出：今后的生态安全与环境保护将走出头痛医头，脚痛医脚的现实困境，站在"形成人与自然和谐发展现代化建设新格局"的更高层面画出制度红线，健全国土空间开发，资源节约利用，生态安全与环境保护的体制机制。

中央政府出台的一系列加强生态文明建设的重要政策，充分说明了新一届领导班子站在国际协作层面加强生态文明建设的决心，使我国生态文明建设展现了十分可喜的前景。

（二）生态文明是一项需要全人类携手共建的事业

生态，是指人类生存的状态。在很大程度上是指全人类共同拥有的自然环境。因此，生态文明不是一个区域性工作，是需要全人类共同携手的事业。

我国的城镇化，在很大程度上说，包括了人居生态化。人口过于集聚大中城市，必然出现人们难以享受良好的生态环境状况。

"万镇"模式的实施，将在全国各地进行择优选址，生态与环境优劣，无疑是"万镇"选址的重要条件之一。"万镇"的发展，将使中国的生态与环境

---

① 蒋明君：《生存安全学导论》，世界知识出版社 2012 年版，第 3 页。
② 《中央经济工作会议报告》，人民网，2012 年 12 月 16 日。

特别是人居环境得到重大改善。中国作为人口大国,人居环境和生态状况的改善,无疑对世界联合治理起到至关重要的作用。

(三)中国"万镇"形成是对世界生态文明建设的重大贡献

我国广大农村地域辽阔,许多地方风景秀丽,气候宜人。在那些地方创建"新型镇",不仅把生态文明融入了城镇化建设中,而且为大中城市改善生态与环境分担了疏散人员和合理布局人口的巨大责任。

"万镇"模式推行后,将在全国绘制出一张充满地方民族建筑风格和特殊产业基地的新型城镇化蓝图,为我国推行"生态文明"写下历史性诗篇!让世人瞩目,让华人骄傲,让每一个华夏子孙为之自豪!

可以想象,生活在农村新型城镇的人们,每日面对那些小镇悠闲的风情,那一望无边的透彻蓝天,那些周边原生态交融的清新空气,那些充满当地民族风情的生活习俗,还有那些吃不腻、品不厌的地道民间食品,该是何等的享受生活!又是一幅多么令人羡慕和神往的"生态文明"美丽画卷!

到那时,让几亿农民告别长年流动承受诸多困惑的状况,转到就近新型城镇过上安居乐业的生活,那种轻松自在和安稳踏实的心情该有多么幸福……

从上述主题可以看到一个事实,"万镇"是全国人民的幸福之路!是确保我国城乡人与自然和谐发展之路!

它将向世界展示出一个富于魅力的生态文明大国!一个人与自然和谐发展的大国!中国"万镇"的发展,将对世界生态文明建设做出十分重要的贡献!

二、"万镇"将创建一个世界旅游文化大国

我国是一个地貌造型极为丰富、民族文化灿烂多姿的资源大国。在几千年的文明发展历程中,勤劳智慧的中国人民,发现和开发了数以万计的旅游文化景点,并不断地在进行完善和丰富其景点内涵,以更具特色的人文景观吸引着世界各国的广大旅客!

(一)上苍赋予了中华民族最精彩的地理文化资源

地域辽阔的中国,各地之间自然环境千差万别。

如浙江省桐乡市北端的乌镇是河流冲积平原,沼多淤积土,色深而肥沃,故地脉隆起高于四旷,遂有"乌墩"之名。距乌镇9公里处有一村叫红墩,

其镇志上说："红墩在镇西，地脉坟起，厥土赤壤，村以是其名。"红墩、紫墩的命名为乌墩名称的传神写照提供了现实的佐证。这里的特产：蓝印花布、乌锦、丝绵、湖笔、三白酒、姑嫂饼、熏豆茶、定胜糕等都是外地游客少见的乡村名品名食。

位于上海、苏州、杭州之间的水乡周庄，镇为泽国，四面环水，咫尺往来，皆须舟楫。全镇依河成街，桥街相连，深宅大院，重脊高檐，河埠廊坊，过街骑楼，穿竹石栏，临河水阁，一派古朴幽静，是江南典型的小桥流水人家。

我国东部的福建，许多乡间丹霞地貌，单面山、块状山，柱状山临水而立，千姿百态。

黑龙江黑河市五大连池拥有最典型的新老期火山地质地貌（矿泉水）。

四川省丹巴县，属岷山邛崃山脉之高山区，大渡河自北向南纵贯全境，切割高山，立体地貌显著，是川西高山峡谷的一部分。境内峰峦叠嶂、峡谷幽深，丹巴县地势西南高，东南低，全县最低海拔 1700 米，最高海拔 5820 米，相对高差为 4120 米，所以又有着"一山有四季，十里不同天"的气候特点。

新疆泽普，地势由西南向东北平缓倾斜，西南部为叶尔羌河冲积扇，东北部为叶尔羌河冲积平原。叶尔羌河、提孜那甫河流经全境。

福建沙县位于武夷山脉与戴云山脉之间，沙溪横贯全境，地势由两侧向中间倾斜，东南部与西北部属中山，中部属低山丘陵。境内的山脉纵横，丘陵起伏，山间小盆地错落其间。沙县小吃：烧麦、馄饨、芋饺、泥鳅粉干、鱼丸、真心豆腐丸、米冻皮、米冻糕、富口豆干、水晶蒸饺、拌面，早已誉满全国。

内蒙古代钦塔拉苏木，平均海拔高度为 209.1 米，属平原丘陵地带，以风积地形为主，土壤多为沙土。这里的王府刺绣、马鞍、马鞭、四胡、马头琴、芒来奶制品等都是游客最青睐的特产。

湖北十堰房县，地势西高东低，南陡北缓，中为河谷平坝。境内平坝、丘陵占 17.1%，而高山占 44.4%，高山区占 38.5%。以青峰断裂带为界，北部山地海拔在 800～1000 米之间，山脉走向一般是东西、东北或东南向，坡度一般在 10°～50°之间，山背开阔，山顶垣状，其间有河谷盆地零星分布；中部以县城周围的马栏河谷为中心，形成一条狭长的断陷盆地，海拔在 400～600 米；南部为山区，山势巍峨陡峻，大部分在千米以上，是打造乡村旅游的优势地况。

四川长宁县梅硐镇，集地表石林、地下溶洞、天坑和地缝于一体，喀斯特地貌景观齐全、独特，堪称奇观。石林内茶园、楠竹林、苦竹林、斑竹林点缀，形成独特的竹林石林景观；除地表石林外，还有溶洞、暗河、天坑和地缝，以及桫椤、云豹等国家珍稀动植物，具有独特开发潜力。

还有广东、云南、贵州、广西、江西、湖北、湖南等多个省区，其乡村丘陵俊秀、山道绵延、峰峦奇特、林海如波，皆为人杰地灵之处。其大自然造物的丰富内涵和无数乡村自然风景给人类留下了无穷的寻觅，为国际旅游储存了巨大的开发潜力。

特别是少数民族聚居地和山区的长时期封闭，使得各民族的建筑都具有自己特殊风格，大体上可以归纳为以下八类：

（1）北方风格。集中在淮河以北至黑龙江以南的广大平原地区。组群方整规则，庭院面积较大，但建筑造型起伏较小，屋身低平，屋顶曲线平缓；多用砖瓦，木结构用料较大，装修比较简单。总的风格是开朗大度。比如北京四合院、胡同就是这类风格的典型代表。

（2）西北风格。集中在黄河以西至甘肃、宁夏的黄土高原地区。院落的封闭性很强，屋身低矮，屋顶坡度低缓，还有相当多的建筑使用平顶。很少使用砖瓦，多用土坯或夯土墙，木装修更简单。这个地区还常有窑洞建筑，除靠崖凿窑外，还有地坑窑、平地发券窑。总的风格是质朴敦厚。比如山西窑洞。但在回族聚居地建有许多清真寺，它们体量高大，屋顶陡峻，装修华丽，色彩浓重，与一般民间建筑有明显的不同。

（3）江南风格。集中在长江中下游的河网地区。组群比较密集，庭院比较狭窄。城镇中大型组群（大住宅、会馆、店铺、寺庙、祠堂等）很多，而且带有楼房；小型建筑（一般住宅、店铺）自由灵活。屋顶坡度陡峻，翼角高翘，装修精致富丽，雕刻彩绘很多。总体风格是秀丽灵巧。

（4）岭南风格。集中在珠江流域山岳丘陵地区。建筑平面比较规整，庭院很小，房屋高大，门窗狭窄，多有封火山墙，屋顶坡度陡峻，翼角起翘更大。城镇村落中建筑密集，封闭性很强、雕刻、彩绘富丽繁复，手法精细。总的风格是轻盈细腻，比如福建的筒子楼。

（5）西南风格。集中在西南山区，有相当一部分是壮、傣、瑶、苗等民族聚居的地区。多利用山坡建房，为下层架空的干栏式建筑。平面和外形相当自由，很少成群出现。梁柱等结构构件外露，只用板壁或编席作为维护屏障。屋顶曲线柔和，拖出很长，出檐深远，上铺木瓦或草秸。总的风格是自由灵活。其中云南南部傣族佛寺空间巨大，装饰富丽，佛塔造型与缅甸类似，民族风格非常鲜明。

（6）藏族风格。集中在西藏、青海、甘南、川北等藏族聚居的广大草原山区。牧民多居褐色长方形帐篷。村落居民住碉房，多为2~3层小天井式木结构建筑，外面包砌石墙，墙壁收分很大，丘面为平屋顶。门窗狭小，窗外刷黑色梯形窗套，顶部檐端加装饰线条，极富表现力。喇嘛寺庙很多，都建在高地山丘，体量高大，色彩强烈，同样使用厚墙、平顶，重点部位突出少量坡顶。总的风格是坚实厚重。

（7）蒙古族风格。集中在蒙古族聚居的草原地区。牧民居住圆形毡包（蒙古包），贵族的大毡包直径可达10余米，内有立柱，装饰华丽。喇嘛庙集中体现了蒙古族建筑的风格，它来源于藏族喇嘛庙原型，又吸收了临近地区回族、汉族建筑艺术手法，既厚重又华丽。

（8）维吾尔族风格。集中在新疆维吾尔族居住区。建筑外部完全封闭，全用平屋顶，内部庭院尺度亲切，平面布局自由，并有绿化点缀。房间前有宽敞的外廊，室内外有细致的彩色木雕和石膏花饰。总的风格是外部朴素单调，内部灵活精致。维吾尔族的清真寺和教长陵园是建筑艺术最集中的地方，体量巨大，塔楼高耸，砖雕、木雕、石膏花饰富丽精致。还多用拱券结构，富有曲线韵律。

上述八个方面，遍布全国各地，都是打造特色旅游的重大资源。

还有，各民族还流传了特色典型传统文化。如东北二人转、北京的京剧、唐山滦州皮影、安徽阜阳剪纸、中国结、苏湘蜀粤绣、少林武术、山歌文化、中国书法、篆刻印章、木版水印、甲骨文、钟鼎文、汉代竹简、文房四宝、中国瓷器、古代兵器、泥人面塑、黄包车、鼻烟壶、长命锁、糖葫芦，以及端午节赛龙舟、吃粽子、喝雄黄酒等节日文化……都是开发旅游文化的重要素材，是中华民族21世纪迎接世界游客的独特新型资源。

（二）"万镇"将成为迎接世界游客的万个新型旅游亮点

在规划"万镇"过程中，开发旅游将是选址的重点要素之一。因为我国各地地形结构的诸多独特性，使得我国人民在几千年的生息发展历程中，以智慧加勤奋为秀丽山水注入了无数传统文化，又使得各地更有数以万计的人文景观亟待开发。

可以说"万镇"，将打造或形成21世纪中国乡村文化最强大的国际品牌。

一方面以地域交通路线为中轴，将各地名景构架为百条全国乡村风光旅游主线，横跨大江南北，穿越东西各片，形成科学布局和统一全国的乡村旅游线路图。

另一方面通过相关部门制定管理条例，加强综合管理，在充分发挥各地旅游资源优势的同时，确保每一位游客都能得到满意的收获，为我国旅游事业树立起一面优秀品质的旗帜!

(三)"万镇"旅游将全面推动中国农村快速与国际接轨

"万镇"旅游,是中国特色!是世界亮点!将为中国乡村带去意想不到的发展愿景!

多年以来,我国农村长期处在封闭状态,使广大农民不仅收入走不出困境,而且眼界也受到很大局限,很难了解外面的世界有多精彩。

更为遗憾的是中国巨大的地理文化资源长期处于闲置状态,可以说一直沉睡在历史发展的长河中,神秘悠长却无人知晓。

当"万镇"格局形成后,通过相关部门和适当形式将巨大文化资源拓展成旅游产业,必然使广大乡村开启一扇新的门窗,让世界游客纷至沓来,成为我国乡村未来发展中最显著的产业和最受世人关注的亮点。

这一新型格局的形成,将快速打开中国乡村多年封闭的大门,面对一个开放型世界,并迎来无数国内国际游客,带动国际交往,让中国农村与世界的交往成为零距离。

总之,"万镇"的崛起,是中国发展史上的一个重要里程碑!是中国乡村一次快速发展的飞跃!是中国人民乃至世界华人盼望已久的全新格局!

可以肯定,今天的中国,完全有能力和条件使中国发展成为一个世界旅游文化大国!

第七章 "万镇"建设的各方职责

我国的城镇化本是全党和全国人民共同的历史性任务。但在具体实施过程中,各级政府和各部门都会承担不同的职责和任务。

近年来,试点乡镇已在实践中总结了四句话:

即:政府领导,

市场主导,

产业先导,

专家指导。

一、县(市)乡(镇)在城镇化
建设中的重要地位

在我国政权机关构建体系中,县(市)一级党委政府处在承上启下的特殊职能位置。一方面直接面对市、省上级党委政府,承担贯彻中央到地方的各项方针政策,代表国家在本区域行使管理权力;另一方面直接面对乡级基层政府,同时在很大程度上直接面对广大农民群众,是中国广大农村的主导者。从县(市)一级政权机关的工作职责看,虽然不像乡镇那样完全处在农村一线,但在整个政权机构体系中也还是属于基层党委政府,不属于上级政权机关。因此,县(市)一级所承担的工作职能特殊性,决定了县(市)在城镇化建设中处在极其重要的位置。

从宏观上看,县域经济除推进县(市)机关所在地的市区工业经济发展外,其主要工作是改善县(市)辖区内的农村经济运行状态。因为农村的整体发展,包括政治、经济、文化等都是县(市)党委政府的工作重头。历届中央政府都把解决"三农"问题列为全国工作的重中之重,也可以说就是强化县域经济的重大举措。这个县的农村经济发展了,整个县域经济就进入良性发展状态了。如果只是县(市)政府机关所在城区的经济发达,而农村落后面貌不改变,这个县也就脱离不了落后的主体。

因此,城镇化建设,在很大程度上也就是强化县域经济建设。特别是县域辖区内经济发展布局的科学构架和调整,包括乡级行政区划的再调整,是城镇化建设的重点,也是县域经济发展的重点。

乡镇领导是直接承担者。从规划到实施负有最直接的责任。可以说乡镇领导是城镇化战场上的直接指战员、执行者、现场操盘手。县（市）领导却是城镇化建设的直接主持规划者、主导者、管理者。

县（市）党委政府在城镇化建设中，与乡级政府同样都处在极其重要位置，只是各自的职能不同而已。

二、省市以上政府主要处在制定政策和指导支持的地位

中共十八届三中全会已对新型城镇化的发展方向做了明确规定，围绕这个方向目标，地方政府根据当地实际情况及时出台具体实施政策，是顺利推进城镇化建设的关键。

我国地大物博，疆域辽阔，各省情况千差万别。具体到每个地方，其规划如何做，钱从哪里来？资源如何公平配置，贫困片区如何加大扶植力度，怎样才能充分利用当地资源，切实解决当前的民生问题，特别是农民的现实问题等等，都需要从政策做出科学探索和回答。政策就是方向，政策就是旗帜，政策就是决策的原则和前提，政策就是最强大的支撑和保障。

政策到位，办事通畅。政策不明朗，就难免走弯路。

由此可见，新型城镇化的操作快慢，上级政府部门在三个方面的支持显得尤为重要：

（1）从全局协调层面出台宏观引导政策，确保正确的发展方向。

（2）在公平公正的前提下，通过政策导向科学调动社会资源，在相对时间内，重点支持农村中心镇建设。

（3）切实加强指导，发现问题及时探索解决良策，不断总结经验加以推广。

通过上级政府部门的工作，在宏观大局上确保城镇化建设的顺利推进和健康发展。

三、专家在我国新型城镇化中的特殊作用

专家，是社会生活中的特殊群体，是创新社会生活的主要力量之一。被称为专家者，不仅学识渊博、专业基础知识扎实，而且在某一领域具有较深的研究或已获得相当的科研成果。

（一）专家具备的三个特点

一是专门从事某一领域或某一学科的研究。

绝大多数专家都把一生的时间和心血全部投放于本专业的研究之中，视专业研究成果如生命，为了自身的专项事业甚至不顾牺牲一切。

二是专家对自身从事的研究领域的事物观察敏锐细腻。

对该事物发展的相关因素了解至深，常常能提出超出一般人的独特见解。

三是在社会生活中专家是解困事物发展难题的主体。

专家判断事物取舍的标准是客观规律，克服主观臆断是专家研究问题的基本原则，也是专家处事的个性特征。

正因为专家有上述与众不同的特征，他们才会成为创新社会生活的主体力量，是推动人类文明与社会进步的活源头，更是推动人类历史从野蛮向文明过渡的功勋者。

尊重专家的劳动，就是尊重科学。人类历史上所有的创造发明，基本都是出自专家的辛勤劳动。世界上任何一项大的社会变革，都是因为专家的劳动所产生的科研成果应用于社会生活，从而推动了生产力的变革而带动了社会变革。

21世纪中国的城镇化建设，是一场震撼中国与世界的伟大变革，是我国政府领导社会主义建设事业一个全新的里程碑。专家作为一个特殊的知识群体，在这场伟大战役中无疑承担着极其重要的历史性重任。

（二）专家是各级政府的高参

可以肯定，当今的地方政府官员与20世纪特别是80年代前的地方政府官员相比，其文化水平和相关素质有了很大的提高。

同时，官员们的政策水平，决策能力，对事物的敏感度，分析问题和解决问题的方法以及驾驭社会的能力等等，都有了历史性的进步和改观。经过长时期的调整、充实、培训，基本实现了干部队伍现代化。

但随着改革开放的不断深入，经济的快速发展，时代对政府官员的要求也同样发生了根本变化。"为官一任，造福一方"已成为当今社会地方政府执政主流。

"造福"二字，内涵至深。简言之，社会安定，人民幸福，但要实现这两句话，可不是一件太容易的事。要实现社会安定，就必须要有治理社会的良策和实现社会安定的前提条件；要实现人民幸福，就必须具备丰厚的物质基础和优美的人居环境以及和谐的社会关系。

这种美好蓝图的实现，无疑需要付出艰辛的努力。作为政府官员，面对现存复杂的社会矛盾和问题，主要时间和精力都用于在处理大量的日常事务性工作中，很难静下心来，仔细调查研究当地的具体发展思路。加上受工作条件局限，存于脑海的信息也相对有限，凭着平时的工作体验决策地方整体发展框架和一些重大项目的取舍，特别需要专家的相助。

（三）城镇化建设有待专家破题

当"万镇"中国提到议事日程之时，必然成为广大专家辛苦之日。具体表述，专家面临三大任务：

一是"万镇"的科学选址。地域辽阔的中国大地具备了丰富多姿的地形地貌和各类特色资源。"万镇"的选址，如何才能更充分地利用大自然的宝藏为未来城镇化发展服务，全在于参与选址专家的努力。选址是否科学，直接关系到发展的快慢和前途。

二是科学规划"万镇"。因为"万镇"的规划，是一项涉及造福子孙后代的历史性任务。选址后的建镇如何具体规划，都需要专家们的智慧加汗水去完成。

规划是否科学，能否成为国家乃至世界设计经典，把"万镇"建设成中国版图上的璀璨明珠，也倚仗于专家们的共同努力。

三是"万镇"产业定位。根据每个镇的特殊地理位置和资源条件，为每个镇确定2～3个特色支柱产业，这是规划专家在承担规划中强化"万镇"发展后劲的重要功能之一。每项产业的定位是否准确，能否产生丰厚的效益，全在于专家的研究和判断。

可以肯定，专家是城镇化成功推进的重要力量。

1. 涉农专家责任重大

我国的涉农专家，一般都是长时期在农村做调查研究，风里来，雨里去，对我国农村的发展历史和农民的现状了如指掌。他们在长时间的调查中踏遍了我国的大江南北，从四季如春一年三次稻熟飘香的海南热土地到大豆高粱麦浪如海陶醉金秋的北国农庄；从东部水乡富饶沃土农村经济飞速发展的喜人景象到西部山区黄土高坡困扰农业发展的窘迫状况，一概历历在目，萦绕在他们的脑海，成为21世纪考究中国农村发展的活辞海，为系统研究农村城镇化建设的重大现实问题做好了充分的前期素材或资料准备。

2. 专家如同身怀绝技

我国专家绝大多数人一直就职在国家部委或省（市、区）厅局的研究部门从事专业研究工作；有的既在领导岗位又从事科研，比较熟悉掌握了研究方法和具备了必要的理论基础，更能把握自然规律，更富于决策的大智慧。他们中的不少人，过去已获得了较多的科研成果，甚至为中央和省市政府制定政策提供过重要的理论依据。当他们全身心开展城镇化建设相关问题研究时，自然是轻车熟路，容易切入主题，点中要害，在拓宽城镇化建设的有效途径时显示出他们的独特能量。由此，应充分发挥专家的资源优势，挖掘他们的特殊智慧，用于我国城镇化建设的伟大事业。

3. 经历就是专家手中掌握的财富

我国的涉农专家多数出生于农村，对农村比较熟悉，又有着深厚感情。他们多数人对我国农村的发展历史作过系统研究，他们对中央的惠农政策和国家其他宏观政策的制定前提、考虑因素、需要照顾的层面、必须注意的问题以及决策的程序等都十分熟悉，早已知道规则和方式，完全有条件在城镇化建设的理论研究领域快速产生出指导性的科研成果，发挥不可估量的积极影响作用。

4. 我国专家始终保持了艰苦朴实的工作作风

专家们那颗燃烧的心永远不会泯灭。为了改变我国9亿农民的命运，为了描绘我国乡村的壮丽蓝图，为了早日实现中国梦的愿景，他们今天会以主人翁的姿态，全心投入我国城镇化建设的伟大事业中来。常见他们深邃的眼神中透露出一种强烈企盼成功的目光，他们特别希望中国城镇化建设超越国际，速度更快，效果更好。

他们脑海里整天为中国农村发展滞后的情景而焦虑，他们除了睡觉，三餐之余脑海中时常浮现出农田中一个个忙碌弯曲的身影和汗流浃背的作业农户；浮现出山坡上一双双喘着粗气抬着木头艰难移动的伐木者；浮现出深山僻远处一栋栋矮小破旧的乡间民宅；浮现出山冲库尾一条条行走艰难的乡间小道；还有那些贫困乡村里一般人无法想象的愚昧，他们的心时常被这些贫困落后的情景撞击着，不停地进行着倒海翻江式的思考。

探讨和深究！今天，他们的举措就是时代的最强音！

历史将做出验证，中国当代城镇化建设的丰功金榜上自然少不了专家们的点睛，并与时代的创业者齐辉！

四、企业的支撑地位确保产业先行和农民主战

新型城镇化的重点，是解决9亿农民的问题。其核心是解决农村自身的"造血功能"。这个功能，除了提升农业产业功能效益外，在很大程度上是通

过企业在农村新型镇创建新型产业，提供就业平台，解决农民安居乐业，同时支撑镇的发展，这是核心问题，也是根本问题。

本书第三章已对企业战略转移优先考虑的十个方面做了详细论述，这里主要强调企业在新型城镇化建设中的地位和作用。

（一）企业是重点镇发展的支撑

没有企业的城镇化是空谈城镇化。只有企业广泛参与，在重点小城镇创建无数个新型企业，以企业支撑城镇化发展，以城镇化带动企业创新，才能产生良性互动，健康推动新型城镇化事业。

（二）企业是解决 9 亿农民安居乐业的保障

只有大批企业在农村重点镇崛起之日，广大农民当地安居乐业才能变为现实，并从根源上解决农民大流动带来的诸多社会问题。

（三）企业转入农村镇发展，才能使产业先行变为现实

因为产业需要依靠企业的开发和推动；产业的崛起，在很大程度上是依靠企业的创新与努力。

总之，企业在新型城镇化建设中，处在十分重要的支撑地位，是推进新型城镇化的决定因素之一。

五、新型城镇化建设资金来源

在新型城镇化旗帜下的"万镇"建设，需根据中央政府关于解决近 9 亿农民问题的主题，在降低建设成本和整体投入的前提下，拓宽资金来源渠道。

（1）重点镇落户在农村，主要是发展镇区企业，由于农民能在当地镇就业，一般离家较近，从现在试点的情况看，农民可以镇里上班回家住。现在的农村，大部分农民家庭的住房普遍建成 2～3 层小洋楼式格局，美观实用，宽敞大方，如放在北京可卖出几十万元甚至上百万元的房价。城镇化完全可以充分利用现有房屋，大大减少了全国新建住房的投入。

（2）农村建镇就地取材，如水泥、红砖、沙石、树木等许多建筑材料都在当地解决，与城市相比减少了运输距离，将大大降低用材成本。

（3）重点镇建设，不会涉及高层建筑，相对而言，建设结构简单，自然成本低于高层建筑。一栋 6 层以下的简易工房和一栋 20 层高楼相比，其平方

面积的比价相差巨大。

上述三条，决定了重点镇建筑建设，其实际成本远远低于城市的高层建筑。在成本不高，节约资源的前提下，其建筑资金主要来源有四大资本：

1. 企业经营资本

企业在国家政策导向下，凡转移到重点镇发展的必然带有相应投入。这是主流部分，也是"万镇"发展的主要支撑力量。

2. 银行金融资本

重点镇的建设获得国家主管部门立项后，银行金融行业将会给予大力支持，根据重点镇不同的产业项目，进行正常的资本投入，以推进企业产业的发展。

3. 国家财政资本

近些年来，国家每年都有大量资金投入农村建设。当城镇化建设拉开序幕后，国家财政将会给予更充分的投入，大力支持重点镇的发展，支持这一改变中国的历史性大业，为新型城镇化的顺利发展推波助澜。

4. 社会民间资本

经过改革开放30多年的发展，我国民众中也有相当一部分人积累了一些财富和资本。他们目睹改变农村的大业之时，许多人都会选择这个发展机会，积极投入参与城镇化建设。对每个人来说，可能不会有太多的资本，但参与的人多了，也会聚沙成塔，不是小数，必将为我国的新型城镇化提供一笔不小的财力。

上述四条只考虑了国内，我们还注意到，当我国这项事业拉开序幕后，还会有更多的华侨同胞和国外友人投入和参与，共同推进中华民族这项民心事业。

六、"万镇"将成为社会各行业和政府 各职能部门惠顾民生的新型平台

广大农村新建现代化中心镇，除了重点发展工业、农业、旅游产业之外，高质量地发展教育事业、土地改革事业、医疗卫生事业、公共服务事业、养老建设以及商业、文化等，这些都是重点镇的重点建设内容。

重点镇应建设相当于县级市水平的中学、医院、商场、电影院、养老院等公益事业。

"万镇"形成后，我国的大部分人口应集居于"万镇"，这是真正的中国特色。

上述重点镇的各项公共事业，应是国家未来 10 年或 20 年重点投入的方向。

由此，从宏观设计和宏观把握上，如何均衡国家资源，通过资源分配调整，实现更加公平的分配，是各级政府各个职能主管部门的职责和光荣任务。这一工作的顺利实施，将对我国新型城镇化的成功和与国际接轨起到十分重要的推动作用。

第八章 "万镇"建设的配套措施

"万镇"格局的形成，将涉及诸多方面的调整和改革，由此，将需要方方面面的配合和制定配套措施。

一、城镇化建设需要相对稳定的
县（市）领导班子

我国县（市）政权机关，是管理我国农村社会的行政主体。其政府职能部门，如公安、法院、检察院、工商、税务部门等，行政执法主体都设在县（市），乡镇只设有派出机构。由此，县（市）是我国政权的基石。

（一）县（市）主要领导应保持相对稳定

由于县（市）一级党委政府处在组织领导城镇化建设十分关键的位置，客观上要求县（市）主要领导人任职年限不宜太短。

因为，任何一位领导要把一个县（市）的政治、经济、环境等治理好，都需要一定的时间，尤其是一些相对落后的贫困县（市），要改变其面貌所需要的时间更长。

河南省长垣县委书记刘森，整整花了9年时间，才把黄河的"豆腐腰"区段的贫困长垣，这个既无资源又无资金、自然灾害频发的农业县，改造成了新型工业经济为主导的发达县。

近三年来，全县上马千万元以上的项目300多个，总投资148亿元。企业分布在全县各乡镇社区和县城，累计有18万农村劳动力就地转移到企业就业。其中起重机产业年销售收入已达100亿元，50吨以下起重机销量占全国市场份额的70％，这个县的医疗器械及卫生材料生产实现年产值35亿元，占全国市场的67％，这个县的涉农企业78家，国家龙头企业3家。2007年全县生产总值达到90亿元，是2000年的3.5倍，其中全县包括乡镇民营企业实现增值76亿元，人均生产总值达到11240元，进入了我国中部地区经济强县。

如果说，江苏的张家港市、江阴市，以及广东的一些县（市）经济发达区都有地域条件的优势，那么地处中原黄河岸边的长垣县，不仅没有地域优势，而且当地没有任何资源。他们的发展，主要是在于有一个团结奋进的优秀领导班子，有广大干部群众的齐心协力，奋力拼搏，但最核心的就是有刘森这位不计名利、甘于奉献、富于开拓精神、善于制造机会的领航人。在刘森的带领下，他们在"零"资源的起点处，采取外引内联，"冰上生火"热中原的手段，创造了智慧为本，"无中生有"的奇迹。

（二）刘森能领导全县干群改变长垣，主要有三条硬道理

（1）刘森具有构架区域经济发展的大思路，能在宏观韬略上把握好全局。作为一把手有无这种能力，对这个地方的经济发展至关重要。

（2）刘森坚持9年如一日不离开长垣。上级组织几次调他高就，他都婉言谢绝，放弃个人荣誉和利益，坚守长垣，这就确保了自己参与制定的规划目标能够得以实施。一旦过早离开，很多项目和诸多当地政策以及制度法规难免走样或受阻，必然影响整体规划的推进。

（3）刘森善于当班长，善于调动一班人的积极性，善于通过一班人和相关政策调动社会各界和全县人民的积极性。

今天的长垣虽然不是刘森一人建的，而是全县广大人民共同奋战的结果。但如果没有刘森的领航，没有刘森的守业，可能就不是这种局面。

过去，在我国不少县（市）的领导到任后，同样有过很好的开局，如果让其坚持下去，应该会有不少个长垣县的创举。可遗憾的是刚开个局，主要领导就被调离，甚至越是开局好的调离得越快，后来接替者衔接不上就很快失去后力，龙头起蛇尾散了。

由此可见，在城镇化建设这个伟大的事业中，县（市）所处的要害位置，客观上要求县（市）主要领导，特别是一把手应该保持相对稳定。

建议除个别领导属于组织上安排下去过渡者或因能力或其他原因不适于久留外，一般情况下，县（市）委书记的在任期限应稳定在8—10年以上，这样十分有利于地方的经济发展。对城镇化建设能否顺利推进有着十分直接的关系。

（三）建议对县（市）主要守业领导待遇作出调整

为了有利于稳定县（市）主要负责人的工作任期，并调动县（市）领导成员的工作积极性，建议对县（市）主要领导守业者的待遇作出相应调整。

1. 把职务和待遇分开

职务是代表工作岗位，是干部行使国家权力的象征。如县（市）委书记岗位、县（市）长岗位，无论谁坐上这个位子，谁就代表县（市）党委或政

府行使国家赋予的执政权力。上对市、省直至中央负责，下对辖区所有百姓负责，这是工作岗位体现的权力和职责。

而干部待遇，是对干部所承担的工作任务和做出业绩的大小以及工龄长短、任职年限等所给予的回报条件。其中包括了政治荣誉、行政级别、工资标准、住房标准、用车就医和各类奖赏等。

2. 对优秀创业守业者应给予高于职务的待遇

一是县（市）主要负责人如工作成绩大，在一地任职期8年以上者，建议享受副司局级待遇。

二是县（市）主要负责人在一地任职期15年以上者，建议给予享受正司局级待遇。

三是县（市）主要负责人因工作状态欠佳，组织有意调离该县市，或因落选被安排去新单位，其任职年限不应作为享受待遇的连续计算年限。

3. 级别调整后应享有同级领导班子的被选举权

县（市）主要负责人级别调整后，如符合地市领导班子竞选条件，在治县期间工作业绩十分突出，显示了较强的领导才能，社会知名度较高，建议允许参加地市领导班子竞选或调任省厅相应领导岗位。

二、乡镇人事制度配套改革势在必行

改革开放以来，乡镇人事制度已进行了相应改革和调整，并取得了显著成绩。

但因人事改革涉及方方面面的因素较多，改革尚有一定难度，以致少数地方仍然存在一些问题。尤其是相对城镇化建设这一特殊任务，现有人事制度难免显现出一些不相适应，特别是乡镇主要负责干部调动频繁，普遍存在任职年限偏短等问题，严重影响乡镇工作，迫切需要尽快做出调整。

（一）机构和人员编制需要科学定位

乡镇机关的部门设置和人员编制，应根据城镇化建设的客观要求，进行适当调整，以适应新的形势发展需要。重点应对乡镇内部机构进行合理设置和定编，使之部门工作互不扯皮，协调运转，显示出现代乡镇机关和干部队伍良好的精神风貌。

（二）乡镇负责人应保持相对稳定

乡镇主要负责人一般任职期限应在8年以上。

由于农村工作直接面对广大农民，一来工作任务繁杂，无钱难办事；二来经济基础弱，局面难改变。由此导致部分农村干部工作不安心。

乡镇领导干部更替频繁导致政府责任缺失，政府工作难以保持应有的连贯性，直接影响农村发展。

我国乡镇是国家最基层的政权机构。乡镇负责干部，特别是一、二把手的频繁调动，严重影响农村发展的构架和实施。

从近些年的情况分析，绝大多数的乡镇一、二把手在一个乡镇的任职期只有两三年，少数甚至一年左右就调离。某县一乡镇反映，三年内换了两任党委书记，屁股还没坐热就调走了。领导的频繁更换有许多弊端：

（1）导致乡镇负责人在执政期间偏重短期效应，盲目启动政绩工程，给地方造成不同程度的经济损失。

（2）在任时间短，干出业绩难。影响到一些乡镇负责人重关系、轻业绩，把个人离任后的去向寄托于上级领导，热衷于不惜时间和精力搞关系。由此，工作只求平稳过渡，责任意识淡薄，使乡镇工作很难得到新的发展。

（3）主要负责人频繁调动，工作缺少应有衔接。后来者一般不认前任的决策，使乡镇的工作失去应有的连贯性。尤其在农村一些重大系统工程的建设上，一旦出现前后领导不能衔接的情况，其后果和损失不堪设想。

在城镇化建设这一世纪性工程进程中，乡镇干部处在一线驾驭一地全局和指挥作战。由此，保持乡镇负责人相对稳定显得十分重要。建议地方组织人事部门尽快出台《乡镇干部任职年限规定暂行条例》。

（三）乡镇干部待遇应与工作实情挂钩

一是鉴于乡镇工作在城镇化建设中所处的重要地位，以及乡镇工作的特殊性，对乡镇干部特别是乡镇负责干部的待遇应从政策上做出相应调整。

建议把乡镇干部的职务与待遇区分开来，并参照县（市）领导的职务与待遇的调整方式进行调整，以此调动乡镇干部的工作积极性。

二是乡镇主要负责人在一地任期达到8年以上者，建议给予享受副处级待遇。其工资、住房、就医、用车等都应由相关部门按所定级别给予配套安排。

三是乡镇主要负责干部达到一定级别后，个人具备竞选县（市）领导班子条件者，建议允许参与县（市）领导班子竞选。

四是建议乡镇主要负责人，在一地任职，必须按期接受选举。如因落选离开本乡镇后，组织部门将其安排去另一乡镇或部门任职，其享受待遇任职年限应从新到乡镇之日算起。

五是建议县市组织部门对乡镇干部应连续进行年度考核，对优秀乡镇干部特别是成绩突出的主要负责干部给予相应的奖励。考核工作应着重听取乡镇辖区社会各界的意见，特别是听取当地群众的评议，确保全心全意为农民群众办事的优秀干部得到应有的奖赏。

六是建议对乡镇机关主要部门干部的待遇，拟定新的激励机制。

通过这项改革，使乡镇干部工作安心、切实负起责任，珍惜脚下的土地，治好手中的"江山"。在我国城镇化建设伟大事业中，充分发挥乡镇政府一线指挥作战的决定性作用。

三、城镇化建设要求镇级政府职能配套

我国乡镇正处在特殊历史变革时期，对新型镇政府的职能转变显现出了新的要求。

（一）农村体制变化对政府职能的影响

农村经济体制的变化带来了乡镇政府工作职能的变化。20 世纪 80 年代前，也就是改革开放以前，我国农村在计划经济体制下，乡镇政权机关可比作是农村的"大管家"，其工作特征突出表现在三个方面：

（1）乡政辖区的大小事情一揽子包下都得管。从年初备耕到播种育苗，从移苗栽培到作物管理，从粮食收割到年终分配，从国家税收到上缴集体，从生产发展到群众生活，等等。无事不包，无处不管，名副其实的"大管家"。

（2）乡镇干部下村蹲点，与农民同吃、同住、同劳动。为了加强基层工作，确保乡镇党委政府的工作意图得到良好贯彻，乡镇干部一律下村办点，每年有 70％的时间住在农民家里，和村组干部一道开展工作。

（3）乡镇干部包括主要负责人一般保持相对稳定。改革开放前，乡镇干部都来源于农村，一般在乡镇工作都比较安心。调入一个乡镇后，正常情况都会工作 5—6 年，有的 8—10 年，也有少数人在一个乡镇工作长达 20 年左右。相对而言，主要负责人在一个地方工作时间都不会太短，一般都在 7—8 年以上。

改革开放后，随着计划经济体制向市场经济体制转变，乡镇的工作职能发生了根本变化。农村联产承包责任制，彻底改变了原有的集体生产经营模式。农民各种各的地，各持各的家，几乎没什么事需要乡镇干部管。一段时期，农村体制的变化，给乡镇政府的行政职能定位带来了一定困惑，乡镇干部有些无所适从。20 世纪末到 21 世纪初的那些年，乡镇干部除了催收上缴税收和管理计划生育，感觉别的事情有些难以插手。

（二）农村体制变化使乡镇机关出现新情况

（1）乡镇机关干部人数超编现象严重。在改革开放的新形势下，县（市）以上干部队伍的门关得比较紧，一些想要进入干部队伍的人员，选择了乡镇机关这条路，通过各种渠道和关系挤入乡镇机关，解决就业后再谋新的出路。这样，使得乡镇干部人数大大超负荷。

（2）部分乡镇干部居住移位。因为农村实施联产承包责任制，乡镇干部不再下村蹲点。又由于干部成分改变，部分干部本来就家在县城，只是来乡镇就业过渡，加之近些年经济发展快，许多乡镇干部都在县城置了住房，因此住在乡镇的干部越来越少。乡镇主要负责人一般都已居住县城，只是在乡镇上班。

（3）乡镇工作面临新任务。乡镇政府直接面对广大农村、农民、农业，其工作职责与县以上政府有很大区别。从某种意义上讲，乡镇党委政府除了向上级负责和承担乡镇的日常工作职责外，在很大程度上就像一个大公司的董事会，主管了许多生产经营企业。虽然不是直接组织生产经营，但也必须承担指导、管理和排忧解难的任务。2006 年国家免除农业税后，乡镇工作减去了一项重要任务。近些年，乡镇政府加快了政府工作职能转变步伐，全国大多数地方，特别是经济发达地区，乡镇政府在帮助农民科技致富方面做了大量工作，政府工作重心基本转到了发展经济的轨道上。

但相对一些不发达地区，因为农民仍在延续传统落后的耕种方式，乡镇政府的职能优势却未能得到相应发挥。面对城镇化建设的特殊任务，转变乡镇政府职能显得尤为重要。

（三）乡镇政府的职能转变有"八个方面"值得重视

在新形势下，农村有许多新情况、新问题，需要乡镇党委政府去解决。尤其是农业发展中的困惑，农村的社会发展，迫切需要政府部门去导向、帮助、切实解决生产和生活中的实际问题。

在市场经济条件下，很重要的一点是我们应该严格区分政府不干预经营和必要引导的管理职责关系。

现阶段，农民的生产经营必须遵循市场规律，这是无可非议的。近些年，个别乡镇以不干预群众的经营为由，几乎什么都不管，导致少数干部将相当部分时间花在了牌桌上，与农民很少往来，这种现象是不正常的。

因为乡镇政府就是直接管理农村政治、经济、文化等社会各类事宜的政权机关，尤其是在当前农村出现许多新情况和新问题的情况下，更需要政府的协调和帮助。社会各界呼吁基层政府不干预农民的经济活动，是指不强迫农民的经营意愿，包括政绩工程。但对农民经营的科学指导，帮助农户解决实际问题，做好农户需要的服务工作是完全必要的，是现阶段乡级政府的基本职责所在。从农村的现实情况分析，政府对农民的生产经营服务应在八个方面做好工作：

1. 引导

主要是政府通过与外界联系，掌握到最前沿的市场需求信息，引导农民正确的生产经营方向，包括地方优势资源的开发。

2. 谋划

帮助农民根据市场信息，做好生产规划预算，力求节约成本，降低经营风险。

3. 解难

农民在生产经营中，最大的难点是启动资金。政府根据农民的实际情况，与金融或信贷部门做好协调工作，力求及时解决农民急需的生产资金困难。

4. 指导

政府提供可靠的信息后，安排相应科技人员，及时给农民做好产前产中的技术指导，避免因技术问题而造成损失。

5. 导销

目前，让我国绝大多数农村的农户感到最难的一件事，就是产品对接市场难，乡镇政府应在这方面切实为农民排忧解难。

一方面现在的乡镇干部文化、社交等素质普遍较高，具备了良好的外界沟通能力；另一方面，信息时代的现代科技手段为乡镇与外界联系提供了优越条件。可以说，干部不出门就能知天下事，何况干部可以与外界广泛交流，获得全国乃至全世界的商业经营信息。

因此，乡镇应把农民的产品对接市场作为政府在新形势下的一项主要职能。即明确职责、转变职能、钻研市场、服务群众、敢于负责、忠诚职守，切实为农民办实事。

6. 调研

乡镇干部处于农村工作一线，对我国农村的情况了如指掌。加之现今乡镇干部具有良好综合素质，又在长期农村工作实践中摸索了较多的农村发展经验，完全有条件利用这些优势，对农村发展中出现的一些社会问题、农业产业的一些生产经营问题、农村资源开发问题等，进行调查研究。对农村，特别是本地区农村的经济发展，提出经营决策方面的探讨性意见，为推动农村快速发展发挥乡镇干部特有的积极作用。

7. 建立健全知识网络化信息化平台

乡镇政府应采用现代科技手段，为广大农民建起各种有益知识的传播网络。包括科技信息、健康知识、市场信息等。

8. 加强农民技术培训

据相关资料显示，我国农民平均接受教育年限不足 7 年，在近 4.9 亿农村劳动力中，小学文化程度和文盲半文盲占到 40.31%。[①]

这部分人自学农业技术的能力比较弱，需要社会给予指导和帮助，需要乡镇政府组织他们进行相应培训，帮助他们提高生产技能是新形势下一项重要的政府职能。

四、"三级"合力形成农村人才培养体系

新型城镇化建设，人才培养是重要任务之一。

针对城镇化人才需求，在农村人才培养方面，可采取政府主导三级学校各负其责，培养三个不同层次的人才，以满足建设需要。

（一）省（市）以上大学应加速培养农业科技创新人才

农业科技创新人才，包括农业科技研究人才和成果应用实施人才。科技研究人才，主要是受过农业专业教育、具有较高学识水平，并善于思考和研究问题的科技专业人才。

科技成果应用人才，主要是掌握了一定的科学技能，能够胜任推广科技创新成果的实施人才。

这两类人才能否满足我国农村科技创新及成果应用的需要，是当前农村发展迫切需要认真解决的主要问题之一。

解决这两类人才的基本途径，只能依靠全国现有大专院校的培养，根据农村发展需要，扩大农业科技人才招生，是我们目前应该认真解决的实际问题。

（二）地市专科大学应解决农村发展所需的专业人才

20 世纪末以来，随着科学技术的快速发展，在我国城乡普遍掀起了一股求知热，青年学生包括农村学生都把上大学当成实现人生价值的基本途径。

相对而言，一些专业技术学校的发展却满足不了现实社会的需求，尤其

---

① 张晓山、张淑英、李周、盛来运：《中国农村经济形势分析与预测》，中国时代经济出版社 2008 年版，第 69 页。

是广大农村所需要的专业技术人才一直呈紧缺状态。加大对农村所需专业人才的培养是当前一项紧迫任务。

解决这个至关重要的问题，建议从五个方面采取措施：

（1）建议以地、市为重点，在争取省（市）的支持下，根据当地农村实际需要，适当新开办农业专业人才大、中专院校，为培养专业技术人才创造必需的前提条件。

（2）建议新办学校的规模，可按每村 2～3 个专业技术人才为计划目标，确定学校招生人数。

（3）建议财政给予办学全额拨款，确保学校必需的办学条件。

（4）建议大、中专学校采取定向招生，从农村择优选拔，学生毕业后一律分配到乡村，不属挂职锻炼。

（5）建议毕业学生到职后，主要从事农业科技推广工作，可考虑享受乡镇事业单位人员待遇。

通过五项举措，尽快建立起适应现代农村发展需要的科技队伍。

（三）县（市）应扩大职业高中招生规模，提高农民素质

随着国际农业越来越趋向于高科技方向发展，客观上已对从事农业生产的广大农民提出了更高的要求。

目前，鉴于我国农民的文化层次，小学文化和文盲占到了劳动力资源总量的将近30%，初中文化人数占到了将近40%的状况，迫切需要我们加强职业技术培训。

（1）建议县（市）重点培养实用型人才。尽快增设职业高中，扩大职业高中招生规模，让更多的初中毕业生直接升入职业高中学习，为农村建设培养具有良好综合素质的新型农民。

（2）建议在职业高中开办培训班，接收已失学的往届初中毕业生返校参加职业高中课程培训班学习，建议由政府出钱实行免费教育，补上国家实施义务教育这一课，尽快提高这批农民的文化水平和综合素质，跟上时代要求。

（3）建议在职业中学开办自学提高班。可通过教育等相关部门，引导低于初中毕业学历的学生自学。

通过三种方式，使农村的绝大部分农民达到与时代相适应的综合素质。

职业高中学校重点应培养学生的实践能力。主要培养学生运用理论知识分析解决问题能力、动手操作能力、适应社会市场需要的能力，使学生毕业后很快能成为综合素质良好的现代农业工人。

为了培养学生的实际操作能力，学校应把实习农场作为教学的重要课堂，

让学生在校期间得到良好锻炼，切实掌握动手技能，成为名副其实的有知识、懂技术、善管理、能动手的一代新型农民。

五、发挥基层党组织在城镇化建设中的领航作用

新中国成立以来，我国农村的中共基层党组织在社会主义革命和建设的各个时期，都发挥了极其重要的核心领导作用，为社会主义建设事业提供了坚强的政治和组织保障。

在城镇化建设中，农村基层党组织处在直接组织带领农民投入战斗的关键位置。由此，切实加强农村基层党组织建设，充分发扬党的优良传统，提高农村党支部的执政能力，是城镇化建设中一项极其重要的任务。

（一）农村党支部在城镇化建设中的主要任务

根据我国社会主义建设各个不同阶段国家宏观政策的调整和农村形势的变化，农村基层党组织的工作任务也在不断发生变化。

当前的城镇化建设，是我国农村发展史上的特殊时期，处在这个历史时期的农村基层党组织，针对中央关于城镇化建设的目标要求，肩负着许多新的历史重任，最主要的任务有五个方面：

1. 组织强大队伍参战

首先是以身作则，带领和组织强大的建设大军，积极投入城镇化建设。既然城镇化建设是一场改变中国农村的伟大战役，农村党支部作为农村的政治力量，毫无疑问应站在战场一线，动员和组织好当地一切可行的参战力量，全力投入这场历史性战役，切实承担起自己应该承担的重任。

2. 帮助广大党员群众明确农民的第一要务

现代社会必须树立一个观念，即："农业是崇高的产业，农民是高贵的职业。"这是因为农业是养命的产业，农民是人类自身健康生活和生命安全的支撑者和保护者！

现代农业已发展到高科技产业的崭新时代，农业内涵的变化给现代农民赋予了新的意义，农民职业应该成为同其他产业一样高尚的职业。因此，在伴随城镇化发展中的农业，是一项富于重大意义的事业。农民应转变观念，明确农民的第一要务是干好农业，产出健康安全的食品，这是农民的根本任务，是主业，也是农民被称之"衣食父母"的全部意义所在。

当我们经历了食品安全问题威胁人类健康和生命的时期后，全社会都在关注农业和重视农业，广大农民兄弟更应明确自己肩负的重大责任。

3. 组织农民承担起时代赋予的光荣使命

当前，人类对消除有害食品的威胁已出现强烈呼吁，而遏制有害食品的产生首先在于农业部门。从某种意义上说，人类的健康和生命，在很大程度上掌控在农民手中，解决食品安全问题，农民肩负着首要直接责任。

现在流传一种说法，农村人吃的是健康食品，城里人吃的是垃圾食品。虽然不是普遍状况，但这种现象是存在的。不少农民自家食用的蔬菜粮食，不用农药化肥，自食的生猪和鸡鸭不喂有添加剂的饲料。在城镇化建设中，基层党组织应负起责任，引导农民树立起职业道德和社会责任感。以向人类高度负责的精神承担起确保人民健康生活的光荣使命。用中国农民诚实守信的传统美德和勤劳实干的奉献精神，生产出让社会放心的优质食品，充分展示出现代农民可贵的精神风貌。

4. 在县乡区域发展宏观设计中做实村级规划

我国农村地域辽阔，各地情况千差万别，同一县域各乡各村的自然条件和资源情况都存在着不同差异。

许许多多的资源优势、特色产品优势都因为没有引起重视而被埋没，一旦采用合理的方式组织开发，必定成为当地农民永不枯竭的"金水库"。

为充分挖掘农村的待开发资源，采集农村新的"血源"，基层党组织应借城镇化的强劲东风，发动群众集思广益，在充分考察村级资源的基础上，作出富有开拓价值的发展规划，并引导群众脚踏实地的实施。

5. 带领共产党员群众开展"三学"

经过改革开放30多年后，我们已进入了市场经济加现代农业的时代，这个历史阶段的时代特征对现代农民提出了更高的要求。由于历史的原因，目前我国农民的素质与时代要求存在一定差距。近些年来，各级政府都在加大对农民的培训力度，对提高农民的综合素质和专业技能起到了重要作用。

农村基层党组织直接生活在农民群众之中，应把组织群众学市场、学管理、学技术作为推进农村现代化的一项重要任务来实施。在市场经济条件下，学习市场、掌握市场的基本规律、提高适应市场经济的能力是每个公民日常生活中必须具备的基本常识。基层党组织，应在帮助农民群众在"三学"方面下工夫，使之懂得一些经营管理，并有一技之长，为提高现代农民的综合素质做出应有的努力。

（二）充分发扬民主，选出勤政务实的村级领导班子

中国农村有句俗话："村看村，户看户，群众看的是党支部。"这话充分体现了支部班子在群众中的核心地位和影响力。

事实上，基层党组织建设最核心的问题就是班子建设问题。一个廉洁奉公、乐于吃苦、勇于开拓、富于创新精神的领导班子，一定能够带领群众走上劳动致富的康庄大道。

在村级班子中，领航人处在关键位置。我们常说："选好一个人，改变一个村。"这是已被客观事实证明了的真理。从华西村、张家港的永联村以及全国各地村级经济快速发展的诸多典型分析，村级领导班子中的一把手执政能力强弱，直接关系到这个村的前途。

为适应农村发展的需要，在选择村级主要负责人时，应优先考虑推选几种对象。

（1）具有事业心和责任感，又有文化，工作能力较强，能廉洁奉公的党员转业及退伍军人。他们在革命大熔炉中经过锻炼，一般都具有较好的综合素质。

（2）在城市务工过程中获得了相应的组织管理经验，并具有创业精神和奉献精神的回乡创业农村党员。

（3）经办过相关产业，并积累了部分经营资本，懂得市场运作，并对改变家乡面貌具有一定热情和抱负的农村党员。

（三）充分发挥共产党员在农村城镇化建设中的先锋作用

共产党的性质，决定了共产党员在广大群众中时刻显示出无形的榜样和力量，在农村城镇化建设的伟大事业中，共产党员毫无疑问必须冲锋在前，坚定不移地走在时代最前列。由此，我们必须按照中央关于搞好共产党员先进性教育活动的要求，切实抓好农村基层党组织建设。

当前，在组织共产党员积极投入城镇化实践事业的同时，还应通过党员在广大村民中开展思想道德教育、文明礼貌教育、政策法制教育、热爱祖国教育。在努力杜绝农村赌博等不良风气方面，在开拓农村市场，发展农村经济方面，在加强农民技能培训，提高农民素质方面，在遏制有害食品，确保农产品安全方面等等，农村党员身在其中，与农民朝夕相处，应特别注意以身作则，充分发挥共产党员的模范带头作用。通过每个党员的不懈努力，把农村党支部建设成弘扬正气、抵制邪恶、优化民风、推进法制、发展经济、整治环境、勤政廉洁、改善民生的坚强战斗堡垒。

六、三个值得注意的事项

我们国家地域辽阔，南北地形差异较大，在推行城镇化过程中，必须坚持一切从实际出发，尊重客观事实，合理利用自然条件的优势，不搞一刀切。

（一）改善耕作条件不能要求超越现实

农村土地本是人们生息与共的宝贵财富。然而，中国农村丘陵地区占大部分，梯形田地是大自然赠给我们的永久"饭碗"，这也是我国国情和农村乡情的主要特征之一。这个特征就决定了我国的土地现状。

近年来许多关心农村的人士呼吁，突破农村的瓶颈，必须全面实行土地大平整，才能适应现代机械化大生产，才能与国际接轨。然而，我们必须看到一个现实，在短时期内把全国的丘陵田地一概推平，实现机械化大生产，一个村庄只用一家或几家农户耕种，肯定地说做不到。两年不行，三五年也不一定行，甚至八年十年都难以实现。因为我国田地构成坡度太复杂，尤其是我国南方的山坡土地和冲头冲尾田地，不但永远难以实现推平的计划，而且也没有必要推。可能那种自然坡度在大山腰间的特定环境，更适应优良种植，产出特质食品。

由此，这里我们应注意到一个十分重要的方面，我们首先是要快速找到农村生产发展的办法，至于现代化大生产肯定是发展大方向，但在对待大和小，传统与现代的问题上，我们只能"扬弃"，不能"抛弃"，也不能超越现实。

土地平整是实现大生产的重要条件。近年来，国家对这一基础性工作十分重视，并已给予了大量投入。为稳妥起见，根据我国的实际情况，应区别三种情况分步实施：

第一步，目前，对于一些田与田之间本身比较平坦，只是因不同农户耕种而设置了田埂的地方，在妥善解决农民合作经营模式的前提下，应该借新农村建设强劲东风，加速土地平整的步伐，力争1—2年内完成平整任务，以适应现代化大生产的需要。

第二步，对于田与田之间高低差距较大，平整成本较高的地方，必须先易后难，先大后小，量力而行，稳妥推进；尽力确保不因平整土地而影响当年生产，特别是不因平整土地而加重农民负担。

第三步，对于少数地域复杂，丘块之间高低相距较大，不宜马上平整的或不宜平整的，重点应在经营方式上花力气，以强化科技创新手段实现生产发展为大目标，待时机和条件更成熟时再作实施。

（二）乡村经典民宅应"留"勿"拆"

一度时期社会上出现两种倾向，一种是呼吁大多数农民全部进城，由城市完全接纳,只留下极少数农业工人开展现代化式的大生产;另一种是拆掉所有乡间民宅,统一建成新式居民楼。前者显然做不到,后者由于只考虑了形式上集中居住,未解决集中起来干什么,既没有实现机械化大生产,也没有开办企业解决农民就业,还是各种各的地,造成生产、生活十分不便,这种集中居住毫无实际意义。

由于集中建房造价较高,农家自己修建的住宅一般只花 8 万~10 万元左右,而购买集体统建的楼房每家农户需承担 20 万元左右。反而给农家带来严重负债,生活中出现新的困惑。

我国农村的农家住宅,特别是南方的农家住宅,多数都选在山水秀丽,风景宜人的特殊位置,可以比拟是人类生息的天然氧吧,也可以称之为自然别墅。

1. 树立新的居住观念

人们居住条件应以舒适为原则。当"万镇"模式摆开战场后,乡村重点镇的新生企业能够大量吸收农村劳动力就业的前提下,逐步将生活需要的居民居住转移到镇上,以方便工作和生活,是符合科学发展观要求的。

对于一些风景独特的民宅,一些具有民族风情特色的民宅,一些建造时间不久,房屋外观形象好,内部结构新的民宅等,应遵照中央精神保留或保护。这些民宅,本身就是农村长时期发展的成果,是现代农村发展的亮点,不仅无损国家形象,而且展示了我国农村的风土人情和民族特色。对农民个人来说,即使重点镇已成规模,农民已到重点镇就业,下班后回到这样优美的环境居住,无疑也是一种享受。

2. 改变城乡差别的本质不是洋楼

我们讲的城乡差别,主要是指收入上的差别,生活质量上的差别,生活环境上的差别,居民身份上的差别,人与人素质上的差别,社会保障上的差别,享受公共资源上的差别等方面。并不一定要建成一样的高楼大厦,一律住进洋楼。大千世界之所以美丽,是因为万事万物千差万别,人类居住活动场所也需要各具风格。如果世界上人们生息的地方只有城镇,也会显得过于单一。

3. 未来农村前景开阔

当农村发展到一定时候,其生活条件已和城市一样方便,当户籍制度取消之后,当国家允许城乡居民双向流动的时候,说不定还有许多城市居民愿意住到农村去。

农村的"灯全亮了",中国的人口有可能会出现双向流动。

因为不少城里人就喜欢农村那种幽静秀丽的田园风光。在那里,人们可以享受到生活在城市无法享受的自然生活乐趣。

从充分考虑中国国情的价值取向出发，在城镇化的居住问题上，我们可以充分利用现有民宅，保留民间特色住宅，综合考虑民族风格。

（三）民族经典文化应当传承

我们伟大祖国地域辽阔，各个民族居住建筑各具风格，代表着不同民族的文化。正因为存在这样的差别，才体现了我们这个伟大民族历史文化的博大精深，也体现了中华民族生活的丰富多彩。

这是我们应该特别强调的一个核心问题，即风格代表了一个国家的文化，是一个伟大民族脊梁文化的象征和精髓。

每当我们大年三十坐在电视机前观看中央电视台的春节晚会时，就会看到一些无须质疑的客观事实：

那些藏族的传统歌舞，献个哈达就让观众开怀悦目，并永远记住这个民族；一首《雪山升起红太阳》，唱遍大江南北，唱过半个世纪，让人永远难以忘怀，倍感亲切。

内蒙古的马头琴似乎伴奏出了豪放奔驰的大草原，立刻把人带入"天苍苍，野茫茫，风吹草低见牛羊"的绿色世界。

云南、贵州的葫芦丝，深沉柔恋的南国风情，让人内心立刻浸入一种思乡怀旧的特别境况，如痴如梦……

高鼻梁的新疆姑娘，脖子扭个"S"线，足以让观众一辈子记住了这个中华大国独具魅力的维吾尔族。

西部优秀儿女世世代代传承至今的那曲古老的《牧羊山歌》，在21世纪闪烁着现代文化灿烂光辉的舞台上却展示出了她那纯真、纯洁、纯净、纯风、纯貌，纯属西部人的绝对优秀艺术名牌，让每一个中国人和世界各国友人开阔了眼界，享受了中国传统文化的伟大艺术真谛。

还有湖北的《龙船调》，"妹子要过河哪个来推我吗"，宋祖英的《辣妹子》，辣出了湖南，辣出了中国，辣到了法国的金色大厅。安徽的黄梅戏，江苏、浙江的越剧，美丽女生扮男装，演活了一代天骄，才子佳人。充分体现了江浙人温文尔雅的独特性格。

还有北京的京腔和河南豫剧以其特别强势的腔调，衬托出中华民族历史上皇权文化特征的英雄气概和不屈不挠的民族精神，听起来给人鼓舞士气，壮骨雄魂！

同样，各地人们的居住环境，也是一个地方民族文化的体现。是因为有着各地民族建筑风格的万紫千红，才有伟大祖国的美丽如画。如果全国南北东西全建成了一个模样的高楼，走到哪都一个格调，再也找不到苏州的美丽园林，找不到云南、贵州、四川一带的小木屋，找不到北方的四合院，那将彻底失去人类祖宗遗传给我们的地方文化优秀精华，显示出一幅"板结式"格局，那该是多么的乏味，多么的苍白无意。

由此，城镇化建设在打造全国新型城镇的同时，我们还应该保留和突出民族特色风格。建议各地在城镇设计时，请出懂得传统文化的专家，对一些少数民族移居群居的地方，可以考虑设计民族风情集镇。尤其是具备旅游资源的地域，更应重视民族风格的传承，这是我们的祖辈精华文化的传承永恒记录，也是我们未来经济的活源头，是我们可以合理利用并永远属于当地人民手中产出效益的对外品牌资源，将成为子孙后代永不贬值的福音！

七、建议成立"国务院城镇工作委员会"

中国的城镇化建设，是全党和全国人民共同的大事，这样一件涉及从中央到地方各级党委政府都在大力推动，社会各界都在为之努力、全国人民乃至世界友人都在高度关注的大事，应该有一个相应的机构或设立相应的职能管理部门，并有一大批全心倾力的工作人员为之奋斗。

为此，建议成立"国务院城镇工作委员会"。这个机构将承担 21 世纪中国社会发展的特殊工作任务，是现阶段全民族事业的最大需要。本机构成立后，建议从全国各地破格选拔实战人才，帮助地方切实做好顶层设计和实施规划，已免走弯路。特别是避免盲目征地、盲目拆迁、盲目投建等等不良现象发生，确保科学推进全国城镇化建设。

(一) 机构性质

"国务院城镇工作委员会"，既是一个宏观设计和协调指导机构，又是一个协助实际操作和系统管理机构，应是代表国家负责从全局统筹研究、制定城镇化建设的法律法规、方针政策，对各地建镇方案进行审核、规范、定位的权威机构。

(二) 部门设置

鉴于城镇设计规划属于世纪性大事，尤其是中心镇选址和建设规划风格一旦定下来就无法随意再改变，是真正涉及国家和民族的千秋大业，因此，建议"委员会"设立相关专业职能部门，使之城镇规划的诸多事宜都有相对口的部门去竭力推进，许多事情需要他们去调查、去研究，站在国家和民族的发展战略高度，遵循全国一盘棋的美丽中国蓝图，帮助地方认真做好每一个镇的具体顶层设计和实施规划，使每一个镇都成为中国土地上的设计经典，成为未来城镇建设的特色"明珠"！

这个机构应有一个强大的专家队伍，充分发挥广大专家在这场伟大建设事业中的智能作用。

又由于这个特殊机构承担了特殊历史使命，需要与各部门沟通和协调，甚至需要与上级职能部门协调，为方便开展工作，很需要高层相关领导人直接兼管。

(三) 机构人员配备

鉴于这个"委员会"是一个承担了特殊任务的工作机构，建议其工作人员来源可考虑两部分：一部分是从国家相关部门抽调一批有经验参与决策协调的领导干部和工作人员；另一部分可适当从全国各地挑选熟悉农村和城镇建设工作的人员。人才使用不拘一格，把愿在农村跑、具有一定农村和城镇建设工作经验的吃苦耐劳人士，纳入到这个特殊队伍中来，组成一个强有力的工作班子。预计这个机构的成立，将对快速改变中国农村的局面起到至关重要的作用，具有十分重要的现实意义。

(四) 城镇工作委员会成立后，建议采用"三项"辅助措施掀起城镇化建设新高潮

鉴于我国城镇化建设是一项改变时代局势、改变我国历史进程的鸿基伟业，在推进过程中，采用相应方式并形成良好的社会氛围，也是十分重要的。

1. 建议设立"全国城镇化建设相关奖项"

如优秀组织奖；优秀指挥奖；优秀设计奖；优秀建设奖；特殊贡献奖；城市"特区"奖等。

2. 建议加强现场指导，总结经验、推广典型、发现问题、纠正失误

即："全国城镇化建设奖项评审委员会"。

3. 建议约 3 年举行一次总结表彰会

把全心奉献我国新型城镇化的一些优秀设计者和建设者们推向时代的舞台，形成一种可歌可泣的精神风貌。

(五) 迎接丰碑时刻的到来

李克强总理指出："13 亿人的现代化和近 10 亿人的城镇化，在人类历史

上是没有的，中国这条路走好了，不仅造福中国人民，对世界也是贡献。"①

当前，我国城镇化建设条件已基本成熟。

（1）经过 30 多年改革开放，特别近些年中央加大对农村基础设施建设的投入，我国乡（镇）已基本具备企业生存的"四通"条件，这是首要的大前提。

（2）城镇化建设已成为 21 世纪中国社会生活中的最大热点，社会已经形成了调动各方力量支持城镇化建设的良好氛围。

（3）政府号召加强利益导向，广大企业家准能热烈响应，并汇聚成强大的"正规军"开赴农村创建千千万万个实战舞台。

（4）农民主力军面对国家如此的扶助，必然深怀无比感激的心情投入并奋力主战。

（5）国内外诸多商家和金融界早已看好中国农村的市场潜力，只要社会导向发出信号，他们就会抓住良机，选择基地，开发农村产业的资金会从国内外迅速流入，形成强大的社会支持力量。

（6）国家财力已有足够的能力和把握主导城镇化这场战斗。本来中央财政每年都已向农村投入了大量的建设资金，而且逐年都在加大投入力度。

如果换个方式投入，国家把直接投入中的一部分变为支持和扶助千千万万个企业去农村创业，必然将有限的财力变为巨大的动力，调动无数企业奔赴农村创业的积极性，也将汇集超出中央财政投入农村无数倍的资金源投入城镇化建设。

（7）县（市）、乡（镇）广大干部一直困惑着城镇化建设的动力不足。一旦调整运行模式，如此大的社会力量涌来，将使他们在无比兴奋中努力挖掘各自的工作潜力，不惜为中华民族 21 世纪最伟大的战役付出汗水和心血。

（8）中央部、办、委各职能部门的官员和各级政府官员长期都在为农村的落后忧虑，绝大多数官员本身就是出身乡村，发自内心对乡村怀有深厚感情。改变我国农民的状况是他们心中由来已久的愿望，如能盼到国家从宏观上调动社会资源建设农村城镇化，他们无疑都会通过自己的工作平台，为农村城镇化建设这一全民族共展的伟大事业推波助澜。

（9）数万专家必然倾力投入。当年韩国建新村，政府采取全社会动员，并调动了 25 万专家指导者分布乡村，平均每个村有四五名指导者。

我国科技人员力量雄厚。据相关部门介绍：目前，中国科技人力资源总量达到 4200 万人，居世界第一，研究开发人员总量 190 万人，居世界第

---

① 李克强：《中央经济工作会议报告》，人民网，2012 年 12 月 16 日。

二位。①

　　在这个庞大的专家群体中，数万涉农专家早已穿行于乡村，专心调查研究。一旦迎来全社会力量携手共建农村城镇化的机会，专家们和广大科技工作者更会忘我地工作，为城镇化建设出谋划策。

　　（10）大学校园已为城镇化建设预备了一支十分可贵的生力军。近年来，成千上万的大学生放弃城市的优越生活，下到农村当村官。他们带给农村的新思想、新观念，已为农村建设发挥了良好作用，取得了可喜成绩。

　　目前，这种趋势已得到了社会的广泛认可，大学校园选择这一志愿的人数越来越多。只要社会高高举起这面鼓励和动员大学生下乡的旗帜，全国大学生必将积极响应号召，汇集成强大的知识人才队伍，直插广大农村，成为农村城镇化建设中一支不可忽视的巨大力量。

　　上述十大优势，已为我国城镇化建设做好了充分准备。在中央政策主导下，基本可以达到从宏观上调动社会各类资源，包括人力、物力、财力资源，并克服来自各方面的阻力和障碍，把城镇化建设推至一个全新的格局。预计1年就会起高潮，3年出成效，5年大变样，10年左右基本改变中国农村现状。

　　中国共产党高瞻远瞩地看清了21世纪中国最紧迫的历史性任务——解决农村问题。人们期待，在中共中央、国务院的坚强领导下，刻不容缓地集中优势兵力，汇合13亿中国人民的集体力量，乃至世界华人和各国友人的力量，以超常的胆识和只争朝夕的精神，去赢得这场"战争"的全面胜利！铸造中华民族21世纪最伟大的历史丰碑！

---

① 中新网，2009年9月17日。

附件一

机　密★1年

内部参考

2010 年 3 月 1 日　　　　（总第 8094 期）　　　　第 15 期

新华通讯社主办

多措并举夯实新农村稳定发展基础

李珀榕

近几年以来，我国新农村建设已在道路交通、农民生活设施、农民增收、医疗社保等十多个方面取得了巨大成就，但也同时出现了一些急需从战略上进行调整的新问题，突出表现在：一是农村大批青壮年剩余劳动力向城市转移，新农村建设缺少骨干力量；二是现有城市还没有做好接纳几亿农民转为城市居民的准备，面对汹涌的民工潮暴露的问题多多；三是近些年国家对建设新农村加大了投入，大批农民进城使农村新建基础设施出现利用率低或闲置的严峻状况。对此。迫切需要我们尽快从战略层面上探讨城乡和谐发展的新机制和新举措。

按照中央对新农村建设要求达到"生产发展、生活宽裕、乡风文明、村容整洁、管理民主"的总目标和以人为本、坚持科学发展的要求，其重点是建设新农村，改变落后的农村面貌。其核心主题是提高广大农民的生活水平，培育农村的"造血功能"。这是根本问题和长治久安的大事。

本人根据多年的调查和了解，认为以下几大举措有利于目前新农村建设问题的解决，有利于体现以人为本的科学发展观，有利于建立和谐社会的有效机制，有利于快速推进新农村建设和夯实长久稳定发展的基础。

"万镇"模式。在我国现有 3 万多个乡镇中挑选出 1 万个左右具有地域优势、交通优势、水源优势、电力优势、通讯优势、资源优势、公共设施服优势等的乡镇，将其打造成中心镇，作为全国新农村建设的最基础工程。强化"万镇"的中心功能地位，使其成为农村的政务活动中心、工业发展中心、经济引领中心、小农户与大产业相结合的组织中心、地方特色资源开发中心、城市与乡村连接中心、农产品与市场对接中心、技术人才培训中心、劳动力转移就业中心、现代商业中心、文化教育活动中心、城镇化人居中心。

强化"万镇"的中心功能可发挥其八大作用：使农村几亿人口就近在当地解决就业；减少亿万农民每年的迁徙生活，实现农民安居乐业；实现城市用工可通过相关部门在农村得到有序补充；充分发挥并利用广大农村的多种资源；让政府和有关管理部门从矛盾的旋涡中解脱出来；为实现全国统一户籍提供可能；成为支撑农村兴旺发达的主体；承担我国全面进入城镇化重任的坚强载体。

"企业战略转移"模式。 历史的原因，我国企业过于集中在大中城市，导致了城市人员过于拥挤，公共资源日趋紧张。实施"企业战略转移"模式，已成为从客观上调整社会生活矛盾的关键。

企业战略转移可考虑十个方面：一是投资新建的农产品加工企业；二是农用肥料等涉农企业；三是手工等劳动力密集型企业；四是现有与农业相关的企业；五是大中城市现有的劳动力密集型企业；六是大中城市现有涉农企业；七是大中城市现有其他企业去"万镇"设分厂；八是动员商界支持"万镇"，在此选择当地特色资源开办企业；九是鼓励外出务工积累了资金并已掌握一定技能的农民工回乡办企业；十是邀请华侨或属本地的城市居民以及在国外经营大产业的商人回故乡办企业。

企业转移承接将产生的八大优势：一是给全国大中城市生活减压；二是给各级政府减压；三是康复农村"造血功能"；四是确保农民安居乐业；五是为城乡和谐发展奠定了基础；六是有效提高全国人民的生活质量；七是降低社会生活成本；八是提前并稳步实现新农村建设目标。

政府导向将成为新农村建设的坚强后盾，政府通过信贷和税率调整为企业战略转移提供有力的保障。

"城市内优外特"模式。 针对大中城市快速发展已经出现的多方面压力。据专家提出，城市人口从100万至400万时，城市规模的净收益为最大值的这一定论，为改善城市生活环境，大中城市在达到一定规模时，建议采取内"优"外"特"的双向发展战略。

远距离寻找发展空间，是内"优"外"特"的重点。现有城区主要优化产业结构和生活环境，与此同时，选择外省比较贫困的地区创建"援助特区"。先进城市与经济滞后地区可实行优势互补，达到双赢。既为城市找到新的发展方向和广阔空间，又为经济滞后的地区提供强大的发展动力。

"援助特区"可分两种管理类型：一是联合管理。指参与的城市与当地政府共同创建"援助特区"，建立联合经营管理机构。"援助特区"的人、财、物等，由双方共商并制订出妥善的管理办法。施行共同开发，利益共享原则。二是单一管理。待双方交接手续完备后，"援助特区"的人、财、物等事宜应与当地政府脱钩，由接管城市全权负责管理。

总之，双方应把"援助特区"当成自己的一部分来经营。在当地政府的配合下，为新农村建设增添内在力量。

"扬弃式现代农业"模式。近30年来，我国市场经历了从物资贫乏的被动消费阶段到物资丰富的盲目消费阶段，再发展到近年的理性消费阶段。进入理性消费后，人们对食品的安全、品质、口味等显示出全新的追求。而消费者的这种追求，正是市场上所缺少的这种物资。这里所指的"扬弃"式农业，正好弥补了这个缺口。因为，世界上任何优质动、植物都是从大自然中摄取足够的物质能量而发育成长的。

"扬弃"，是充分利用农家散居的地域优势和传统种养方法，以链条式结构将小农户组合成规模化大生产，扬其各自之长，避其各自之短，以适合为标，可行为准。把小融进大，以大包揽小，要大则大，适小就小，大小可变，方便灵活。不仅能充分体现出农家各户生产优秀食品的特有条件，还能通过采取"散小连片，规模经营，土中有特，以土竞洋"的经营战略做出大产业，赢得国际市场的竞争优势。并得到丰厚的经济收益，康复农业的永久"造血功能"，为新农村建设谱写有意义的新篇章。

附件二

秘　密 ★ 6个月

人民日报 内参

（第 802 期）

人民日报社内参部　　　　　　　　2013 年 5 月 24 日

李珀榕教授建议

四大模式提高农村"造血功能"

　　本刊讯（记者彭国华）李珀榕教授近日撰文提出，提高农村"造血功能"是解决农村"空心化"问题、推进新农村建设的关键。他就此提出了四大模式：

　　第一，"万镇"模式。即在我国现有乡镇中挑选出 1 万个左右具有地域、交通、通讯、资源、公共设施服务等优势的乡镇，将其打造成中心镇，作为全国新农村建设的基础工程。"万镇"形成后，将成为农村的政务活动中心、工业发展中心、经济引领中心、小农户与大产业相结合的组织中心、地方特色资源开发中心、城市与乡村连接中心、农产品与市场对接中心、技术人才培训中心、劳动力转移就业中心、现代商业中心、文化教育活动中心、城镇化人居中心。

　　第二，"企业战略转移"模式。即改变企业过于集中在城市的局面，使条件适合的企业在城镇合理布局。适合优先向城镇进行战略转移的企业主要有：农产品加工企业；劳动力密集型企业；国内外投资方在农村兴办相关企业；大中城市现有涉农企业；鼓励外出务工积累了资金并已掌握一定技能的农民工回乡办企业；邀请在国外经营大产业的商人回故乡办企业等等。

　　第三，"城市内优外特"模式。即有条件的大中城市在自身优化产业结构和改善生活环境的同时，选择外省比较贫困的地区创建"援助特区"，实现优势互补、达到双赢。"援助特区"可进行联合管理，"援助特区"的人、财、物等，由双方按照共同开发、利益共享原则制定妥善的管理办法。参与城市主要提供技术装备、开发资金、发展战略、科技人才、管理方式以及相应的领导人才。

第四，"扬弃式现代农业"模式。即科学保留农业传统优势而不是一概抛弃传统，采取"链条式"结构将小农户组合成规模化大生产组织，扬小农户各自之长、避其各自之短。这种"扬弃"式改造，不仅可以充分利用各个农户的地域优势和传统的天然种养方法，而且可以通过"散小连片、规模经营"的方式做出大产业。

此期发至省军级

中国城市科学发展促进会

中国城市在社会经济发展中具有重要地位，中国城市科学发展促进会，旨在遵循党的十八届三中全会精神，努力整合海内外高端智力资源，探索城市及城镇科学发展的内在规律，建设性地参与到中国城市科学发展，特别是中国新型城镇化建设历史进程中。这是一项伟大的事业，也是一项非常复杂的社会工程，不仅需要党和各级政府的高度重视和政策支持，同时也需要聚集社会各界力量，认真探索可行途径和进行实践，帮助梳理、确立个性化的城市和城镇发展战略，提炼城市品牌要素，为创建乡村特色小镇试点做出不懈努力！

《镇　中国复兴之基——新型城镇化"四大"实操模式》专著是李珀榕教授长达二十余年调查研究的成果，促进会全力推出该书，其目的是把专著中的"四大实操模式"，作为促进会推动新型城镇化试点项目的理论指导，以协助各地进行产业规划，招商引资，促进产业调整和产业升级以及企业转型，实现科学、绿色、低碳、可持续发展，为中国实现新型城镇化助绵薄之力！促进会将本着民族复兴，城乡和谐，社会安定，人民安康的总目标，为实现中华民族伟大复兴的中国梦而努力奋斗！

参 考 文 献

1. 王学真、高峰：《农业国际化和现代化的互动发展道路》，人民出版社 2007 年版。

2. 陈水乡：《农业科技创新体系建设的实践与探索》，中国农业出版社 2007 年版。

3. 蒋明君：《生态安全学导论》，世界知识出版社 2012 年版。

4. 张建华：《入世后再论中国面临的紧要问题》，经济日报出版社 2001 年版。

5. 程超泽：《走出山坳的中国》，深圳海天出版社 1995 年版。

6. 侯俊琳、牛玲、胡升华：《2008 高技术发展报告》，科学出版社 2008 年版。

7. 蔡建文：《中国农民工生存纪实》，当代中国出版社 2006 年版。

8. 朱祖希：《园林北京》，北京工业大学出版社 2007 年版。

9. 郭金平、宋屹、贾玉娥：《建设社会主义先进文化的重大问题研究》，河北人民出版社 2006 年版。

10. 陆学艺：《当代中国社会阶层研究报告》，社会科学文献出版社 2002 年版。

11. 人民日报理论部：《新农村建设》，红旗出版社 2006 年版。

12. 费孝通：《江村经济——中国农民的生活》，商务印书馆 2001 年版。

13. 卜万锁：《科教兴村理论与实践的探索》，中国农业出版社 2003 年版。

14. 陆远如、段凌峰、王丹宇：《话说城乡统筹》，湖南师范大学出版社 2007 年版。

15. 孙翔：《教育改革的成功之路》，中国农业出版社 1998 年版。

16. 孙瑞玲：《现代农业建设的路径与模式研究》，中国时代经济出版社 2008 年版。

17. 都市环境学编委会：《城市环境学》，机械工业出版社 2005 年版。

18. 窦鸿潭：《三农中国》，湖北人民出版社 2006 年版。

19. 许宝健：《调查三农》，人民出版社 2008 年版。

20. 蒋明君：《拯救地球家园》，国家生态安全科学院出版社 2011 年版。

21. 陆世宏：《中国农业现代化道路的探索》，社会科学文献出版社 2006 年版。

22. 何康：《中国农业年鉴1983》，中国农业出版社 1984 年版。

23. 王祥荣、吴人坚、张浩：《中国城市生态环境问题报告》，江苏人民出版社 2006 年版。

24. 黄钢、徐玖平：《农业科技价值链系统创新论》，中国农业科学技术出版社 2007 年版。

25. 薛涌：《中国不能永远为世界打工》，云南人民出版社 2006 年版。

26. 戈登·沃克：《现代竞争战略》，中国人民大学出版社 2006 年版。

27. 西爱琴、陆文聪：《中国农业风险决策研究：理论、模型与实证》，经济科学出版社 2007 年版。

28. 〔美〕约翰·S. 戈登，祁斌译：《伟大的博弈》，中信出版社 2005 年版。

29. 侯俊琳：《2006 科学发展报告》，科学出版社 2006 年版。

30. 王辉耀：《人才战争》，中信出版社 2009 年版。

31. 李静海：《能源发展战略研究》，化学工业出版社 2004 年版。

32. 马光：《环境与可持续发展导论（第二版）》，科学出版社 2000 年版。

33. 郑杭生：《当代中国城市社会结构》，中国人民大学出版社 2004 年版。

34. 蒋明君：《蒋明君文集》，世界知识出版社 2011 年版。

35. 李长莉、左玉河：《近代中国的城市与乡村》，社会科学文献出版社 2006 年版。

36. 北京师范大学：《中国农民问题》，团结出版社 2006 年版。

37. 宋晓梧：《中国社会保障体制改革与发展报告》，中国人民大学出版社 2001 年版。

38. 孙养学：《农业高新技术企业成长研究》，中国农业出版社 2006 年版。

39. 王东京：《中国的难题》，中国青年出版社 2006 年版。

40. D. 盖尔·约翰逊：《经济发展中的农业、农村、农民问题》，商务印书馆 2004 年版。

41. 王玉君：《当代中国就业与劳动关系》，中国劳动和社会保障出版社 2009 年版。

42. 王玉君：《当代中国社会保障制度》，中国劳动和社会保障出版社 2009 年版。

43. 何承伟：《行走人类的财富与骄傲中国瑰宝》，上海文艺出版总社 2007 年版。

44. 何承伟：《行走中国品读水之韵江南古镇》，上海文艺出版总社 2007 年版。

45. 中共中央宣传部：《国外农村道德生活面面观》，山东人民出版社 2006 年版。

46. 〔加〕加里斯·摩根：《驾驭变革的浪潮》，中国人民大学出版社 2002 年版。

47. 李伶：《西藏之水救中国》，中国长安出版社 2005 年版。

48. 中国农学会：《中国科教兴国的实践》，中国农业出版社 1997 年版。

49. 北京市国税局：《税收法规选编（上册）》，中国税务出版社 2000 年版。

50. 北京市国税局：《税收法规选编（下册）》，中国税务出版社 2000 年版。

51. 袁方：《中国社会结构转型》，中国社会出版社 1998 年版。

52. 严忠浩：《中国人饮食有问题》，山西书海出版社 2006 年版。

53. 费勇：《诊断地球》，广东花城出版社 1997 年版。

54. 沈北海：《农村社会保障新探索（上）》，广西人民出版社 2005 年版。

55. 沈北海：《农村社会保障新探索（下）》，广西人民出版社 2005 年版。

56. 李易方：《绿色奶源基地建设指南》，中国农业出版社 2004 年版。

57. 李易方：《奶业春秋》，中国农业出版社 1999 年版。

58. 农业部：《中国畜牧业一体化十年》，中国农业出版社 1993 年版。

59. 李易方：《建设绿色奶源基地》，农村读物出版社 2006 年版。

60. 孙翔：《九十年代日本的农业与农业教育》，中国农业出版社 1994 年版。

61. 人事部、中国科学院：《新世纪科学技术发展与展望》，中国人事出版社 2002 年版。

62. 孟建柱：《问鼎现代农业发展之路》，人民出版社 2007 年版。

63. 邓三龙、彭福扬：《生态经济与中国农业的可持续发展》，中国言实出版社 2003 年版。

64. 杨万江：《食品安全生产经济研究》，中国农业出版社 2006 年版。

65. 约翰·奈斯比特：《大趋势》，中国社会科学出版社 1984 年版。

66. 刘森：《零资源大思想（上）》，河南人民出版社 2009 年版。

67. 刘森：《零资源大思想（下）》，河南人民出版社 2009 年版。

68. 洪名勇：《建设新农村与贵州三农问题研究》，中国经济出版社 2008 年版。

69. 童兴：《建设社会主义新农村》，研究出版社 2006 年版。

70. 纪宝成、杨瑞龙：《中国经济发展研究报告》，中国人民大学出版社 2003 年版。

71. 郑金兰：《三农手记》，上海文献出版社 2006 年版。

72. 何炼成：《价值学说史》，商务印书馆 2006 年版。

73. 樊树志：《国史概要》，复旦大学出版社 2005 年版。

74. 郭延宝：《我为三农开药方》，内蒙古文化出版社 2005 年版。

75. 李金亮：《希望的土地》，暨南大学出版社 1991 年版。

76. 阮成发：《WTO 与政府改革》，经济日报出版社 2001 年版。

77. 梁建增、赛纳、张洁：《调查中国（第三部）》，民族摄影艺术出版社 2001 年版。

78. 刘君德、冯春萍、华林甫：《中外行政区划比较研究》，华东师范大学出版社 2002 年版。

79. 陈绶祥：《素质教育在中国》，羊城晚报出版社 2000 年版。

80. 秦富、王东阳：《农业经济与科技发展研究》，中国农业出版社 2007 年版。

81. 李剑阁：《中国新农村建设调查》，上海远东出版社 2007 年版。

82. 何清涟：《现代化的陷阱》，今日中国出版社 1998 年版。

83. 李成勋：《中国经济发展战略》，社会科学文献出版社 2005 年版。

84. 胡鞍钢：《影响决策的国情报告》，清华大学出版社 2002 年版。

85. 许新：《建设社会主义新农村》，新华出版社 2006 年版。

86. 单吉堃：《有机农业发展的制度分析》，中国农业大学出版社 2008 年版。

87. 农业部：《中国农业统计资料》，中国农业出版社 1999 年版。

88. 中国机构与编制杂志社：《中国大城市机构改革思路》，辽宁人民出版社 1994 年版。

89. 张成福：《大变革》，改革出版社 1993 年版。

90. 中共中央宣传部：《科学发展观学习读本》，学习出版社 2006 年版。

91. 费孝通：《乡土中国》，北京出版社 2005 年版。

92. 陈宗瑜：《婚姻家庭制度论》，湖南出版社 1993 年版。

93. 邹东涛、华晓红：《入世机遇与挑战》，人民出版社 1999 年版。

94. 张秀英、刘金铃：《中国西部地区乡镇负债问题研究》，人民出版社 2004 年版。

95. 李超贵：《中国农村大写意》，湖南文艺出版社 1993 年版。

96. 隆少秋：《中国农村系统发展研究》，华南理工大学出版社 2008 年版。

97. 郭书田：《中国农村改革开放经历回顾》，中国农业出版社 2008 年版。

98. 孙炳堃、周刚：《管理学基础》，天津大学出版社 2001 年版。

99. 京伍：《言论中国》，中国检察出版社 1999 年版。

100. 于光远、苏星：《政治经济学（上册）》，人民日报社 1977 年版。

101. 杰克·伦敦：《生命有多顽强》，中国长安出版社 2004 年版。

102. 萨米尔·阿明：《世界一体化的挑战》，社会科学文献出版社 2003 年版。

103. 彭富国：《现代科技基础知识》，湖南人民出版社 2003 年版。

104. 张润生、陈士俊：《中国古代科技名人传》，中国青年出版社 1981 年版。

105. 王梓坤：《科学发现纵横谈》，上海人民出版社 1978 年版。

106. 拉塞尔·M. 林登：《无缝隙政府》，中国人民大学出版社 2002 年版。

107. 孟繁森：《国家资助农业科技项目》，经济科学出版社 2006 年版。

108. 国务院发展研究中心：《世界发展状况 2002》，时事出版社 2002 年版。

109. 曹平：《点点滴滴看世界（第一辑）下》，新华出版社 2000 年版。

110. 曹平：《点点滴滴看世界（第一辑）上》，新华出版社 2000 年版。

111. 任建标：《战略运营管理》，清华大学出版社 2004 年版。

112. 吴赛玉：《生物化学》，中国科学技术大学出版社 2005 年版。

113. 刘迎秋、李金元：《新置换理论》，中国社会科学出版社 2003 年版。

114. 〔澳〕欧文·E. 休斯：《公共管理导论（第二版）》，中国人民大学出版社 2001 年版。

115. 陈声明、张立钦：《微生物学研究技术》，科学出版社 2006 年版。

116. 王东京、田清旺、赵锦辉：《中国经济改革 30 年政府转型卷》，重庆大学出版社 2008 年版。

117. 邢涛：《生物学习百科》，北京出版社 2005 年版。

118. 曾福生：《促进农民增收的技术经济问题研究》，中国农业科学技术出版社 2005 年版。

119. 唐钧：《政府形象与民意思维》，中国传媒大学出版社 2009 年版。

120. 尚福林：《中国资本市场发展报告》，中国金融出版社 2008 年版。

121. 郑易生：《中国环境与发展评论（第二卷）》，社会科学文献出版社 2004 年版。

122. 洪向华：《复兴之路》，青岛出版社 2007 年版。

123. 对外贸易经济合作部：《中国对外经济贸易白书皮》，中国社会科学出版社 2000 年版。

124. 张晓霞：《中国高层智囊》，京华出版社 2000 年版。

125. 周振国、梁世和：《构建社会主义和谐社会的基本理论研究》，河北人民出版社 2006 年版。

126. 王金池、张连月、谷志远：《党的执政理论科学体系研究》，河北人民出版社 2006 年版。

127. 孙翔：《教育改革的成功之路》，中国农业出版社 1998 年版。

128. 李秀峰：《农业共性技术导论》，中国农业科学技术出版社 2006 年版。

129. 李京文：《科技富国论》，社会科学文献出版社 1995 年版。

130. 马维刚、马维杰：《中国下一个 50 年》，南海出版公司 2000 年版。

131. 程民生：《中国北方经济史》，人民出版社 2004 年版。

132. 石广生：《中国加入世界贸易组织知识读本》，人民出版社 2001 年版。

133. 张晓霞：《中国高层智囊》，京华出版社 2000 年版。

134. 沙勇忠：《复兴之路》，兰州大学出版社 2003 年版。

135. 王振中：《中国农业、农村与农民》，社会科学文献出版社 2006 年版。

136. 常力农：《技术哲学》，湖南大学出版社 2003 年版。

137. 冯旭芳：《农村市场化理论与方法》，中国经济出版社 2006 年版。

138. 中共中央组织部：《加强以党支部为核心的村级组织配套建设》，改革出版社 1990 年版。

139. 李欣：《这里是北京》，华艺出版社 2007 年版。

140. 王永昌、李晓秀、高晓晶：《生态北京》，工业大学出版社 2007 年版。

141. 黎东升、马敬桂：《农业及农村经济发展问题》，中国农业出版社 2008 年版。

142. 黄烈佳：《农地城市流转及其决策研究》，中国农业出版社 2007 年版。

143. 孙文友：《希望的田野》，浙江大学出版社 2009 年版。

144. 王凯雄、胡勤海：《环境化学》，化学工业出版社 2006 年版。

145. 〔美〕B. 盖伊·彼得斯：《政府未来的治理模式》，中国人民大学出版社 2001 年版。

后　记

　　20世纪90年代，我在省政府工作时被派往乡村驻点，正遇全国撤乡并镇，从那时起我就开始了中国城镇发展研究。经20多年调研，并付出了大半生心血，终于完成了本书的创作。此时我深感这一成果的问世，离不开诸多领导和各界朋友的关心与相助。

　　今天，我首先要感谢国务院发展研究中心给了我一个国家层面的工作平台。记得在地方工作时，受区域条件所限，加之时任政府官员承担了相应工作职责，使之难以实现全面了解国情的愿望。

　　进入国务院发展研究中心工作后，能够直接深入全国各地调研，并能得到中心多位领导的直接指点，尤其是王佩亨主任多年来对我的关心。今天在此，衷心感谢中心诸多领导和朋友的支持，使我顺利实现了一个终生追求的"梦"！

　　与此同时，我要感谢中共中央党校对我本项研究成果的高度重视。尤其是赵素芬教授、陈文通、亓成章教授等以及中国现代化和谐城市崛起之路探索课题组专家对本书给予的指导与支持。

　　在本书审稿定稿过程中，中共中央党校出版社的领导和编辑做了大量细致的编审工作；出版社的张克敏主任接过书稿听完介绍后，当即决定要从高要求，推出精品，并给予了悉心指导和帮助，值此，一并致以衷心感谢。

　　中央多部委相关领导和中央研究机构以及高等学府诸多专家教授对于我的这一研究也给予了多方关心与鼓励。

　　在这里，我要特别感谢中共中央办公厅、中央政策研究室、国务院参事室、国家发改委、农业部、住建部、环保部、文化部、国家审计署、国家统计局等单位的相关领导和中国社会科学院、中国农科院、清华大学、北京大学、中国人民大学、中国农业大学、武汉大学、湖南大学、中山大学的相关专家学者对本套理论形成的指导和肯定；以及新华社、《人民日报》、《光明日报》、《中国改革报》等媒体朋友的关心与推介。

　　还要特别感谢联合国生态安全合作组织蒋明君主席、联合国人居署以及亚洲政党郑庆森秘书长对我的支持，为我提供了快速了解世界城镇发展的工作平台和机会。

多年来，我在调研和撰文过程中，一直受到全国人大常委会周铁农副委员长，全国政协常委、全国政协人口环境资源委员会潘贵玉副主任等领导的关心，并在百忙中多次听取我的汇报和给予亲切指导；还有我多年的良师中国农村问题研究专家刘骧东教授，中国人民大学行政管理学院副院长、博士生导师张成福教授，国务院特殊津贴专家徐柏园研究员，发改委《改革报》朱宏斌主任等，长期以来对我的调研热心指点；帮助我克服工作中的困难，使我坚定了破题信心。

尤其是全国政协李金华副主席对本书的出版给予了高度重视，并在百忙中为本书题词。

在本书出版和试点同时进行中，著名经济学家、国家统计局原副局长、人大财经委贺铿副主任热情为本书作序，还给予了试点工作的细心指导。

新华社国内新闻部原主编施宝华教授，10多年来一直关心和支持我推进本课题的调研，并对本书的创作给予了细心指导和鼓励。

中国社会科学院农经所杜晓山所长审阅书稿后随即撰写了书评，罗美富司长、屠建业司长、郭书田司长、王齐彦局长、孙翔司长、赵树栋主任、杜迅力副秘书长、吴松昌局长、修华林主任等都在充分肯定专著的同时，还对理论推广和组织试点提出了宝贵意见。

中国政法大学杨炳霖老师以自身在美国生活十多年目睹美国以镇为主体的城镇化，撰文肯定本书"四大"模式的科学性和可行性。

早在2012年初张忠义先生阅到本书"四大"模式后，主动承担了该书的策划和出版事宜；并与蒋山武先生一道，帮助筹备印刷的大量具体工作。

我在推进本项事业中，张战荣、李艳云夫妇为我提供了研究工作的极大方便。云南学者张祥熙先生和他的家人，长达六年如一日支持我完成调研事业。

还有中国投资协会投资信息专业委员会城镇化产业投资中心对本书出版给予了大力支持，值此，一并深表谢意。

总之，大家的相助使该书问世，更希望在各级党政领导和专家学者以及各界朋友的共同帮助下，使其研究为我国的新型城镇化大业发挥积极有效的作用！

图书在版编目（CIP）数据

镇　中国复兴之基——新型城镇化"四大"实操模式/
李珀榕著. —北京：中共中央党校出版社，2014.12
ISBN 978-7-5035-5441-4

Ⅰ. 镇…　Ⅱ. 李…　Ⅲ. 城市化-研究-中国
Ⅳ. F299.21

中国版本图书馆 CIP 数据核字（2014）第 200107 号

镇　中国复兴之基—— 新型城镇化"四大"实操模式

责任编辑　张克敏　李　灵
版式设计　李　灵
责任校对　王明明
责任印制　宋二顺

出版发行　中共中央党校出版社　新华书店
　　　　　（北京市海淀区大有庄 100 号）
邮　　编　100091
电　　话　(010) 62805800 (办公室)，(010) 62805824 (发行部)
网　　址　www.dxcbs.net
出品单位　中国城市科学发展促进会 (北京思文投资顾问有限公司)
印　　刷　北京文昌阁彩色印刷有限责任公司
字　　数　188千字
印　　数　3万册
版　　次　2014年12月第1版　　2014年12月第1次印刷
开　　本　700毫米×1000毫米　1/16
定　　价　68.00元